日本軍「慰安婦」制度とは何か

吉見 義明

岩波ブックレット No. 784

はじめに

何が問題となっているか

元日本軍「慰安婦」(「従軍慰安婦」)だった金学順《キムハクスン》さんが日本政府に謝罪と賠償を求めて名乗り出たのが一九九一年でしたから、今年で二〇年近くがたちます(以下、日本軍「慰安婦」は軍「慰安婦」と略記します)。軍「慰安婦」だった女性たちは高齢なので、つぎつぎに亡くなっています。それでも、女性たちの名誉と尊厳は回復されず、問題はまだ解決していません。

この間、二〇〇七年にアメリカ連邦議会下院が、日本軍が女性たちを「性奴隷制」に強制した事実を明白に承認し、謝罪することを日本政府に勧告する決議を採択しました。これについで、オランダ国会下院・カナダ国会下院・ヨーロッパ議会・韓国国会・台湾立法院でも決議が行われました。オランダ下院とカナダ下院を除き、どれも明確な事実の承認と謝罪を勧告ないし要求しています(カナダ下院は国会での謝罪決議を勧告しています)。なかでもヨーロッパ議会は、法的な責任を受け入れることと、被害者への賠償を行うための効果的な行政機構の設置などを勧告しています(オランダ国会下院・韓国国会・台湾立法院も被害者への賠償を求めています)。

これより前の一九九三年に河野洋平官房長官(当時)は談話を公表し、「本件は、当時の軍の関与の下に、多数の女性の名誉と尊厳を深く傷つけた問題である」と認めました。また、「われわれは、歴史研究、歴史教育を通じて、このような問題を永く記憶にとどめ、同じ過ちを決して繰り返さないという固い決意を改めて表明する」と宣言しました。

ところが、一九九四年頃から、軍「慰安婦」は自由意志で売春をした「公娼」だとする意見が閣僚〈永野茂門法務大臣〈当時〉〉の中からも出るようになっていきました。その後、中学校の歴史教科書からは、軍「慰安婦」の記述がほとんどなくなっていき、二〇〇四年一一月には、中山成彬《なりあき》文部科学大臣（当時）が、「慰安婦」の記述などが「減ってきたのは本当に良かった」と述べるようになりました。また、二〇〇七年三月五日には、安倍晋三首相（当時）が、「官憲が家に押し入って」連行するような狭義の「強制性」はなかったということではないか、と述べました（参議院予算委員会）。

日本の言説と海外の意見には、なぜこんなにも大きな相違があるのでしょうか。また、軍「慰安婦」とされた女性たちの名誉と尊厳が回復されない理由はどこにあるのでしょうか。その理由の最大のものは、軍「慰安婦」制度はどのようにつくられ、どのように維持され、拡大していったのかが、日本国内でまだよく理解されていないからだと思います。

私は、軍「慰安婦」問題とは、女性に対する性暴力と、他民族差別と、貧しい者に対する差別が重なって起きた問題だと思います。そして、この問題の根本的な解決を放置したままでは、世界やアジアで日本の信用を失い、将来に大きな禍根を残すことになるのではないかと思います。しかし、もしこの問題を解決すれば、被害を受けた女性たちの名誉と尊厳を回復することができるだけでなく、性暴力の根絶や他民族差別の克服という課題のために日本は大きな貢献をすることになると思います。政権交代が実現した今が、それを実現する好機ではないでしょうか。

考える糸口として――『ワシントンポスト』の「事実」広告をめぐって

そこで、軍「慰安婦」制度とは何だったかを考えるために、二〇〇七年六月一四日に『ワシントンポスト』紙に掲載された"The Facts"(「事実」)と題する意見広告を取り上げてみましょう。アメリカ下院で決議が採択されたのは七月三〇日でした。この意見広告は、決議案に反対する日本人で組織された「歴史事実委員会」が、日本の国会議員・知識人・ジャーナリストたちの賛同を得て名前入りで載せたもので、「歴史的事実」を提示するものだ、と述べています。この委員会のメンバーは、屋山太郎・櫻井よしこ・すぎやまこういち・西村幸祐・花岡信昭の五氏です。

結果からいうと、この意見広告は、アメリカの人々の反発を受け、むしろ決議案可決を促進するものとなりました。なぜでしょうか。それは、アメリカ社会の中に、女性に対する性暴力を許さないとする、強い公論があるからです。たとえば、ブッシュ前政権で国家安全保障会議上級アジア部長を務めたことがあるマイケル・グリーン氏は、軍「慰安婦」問題について聞かれて、こう答えています。

〔軍「慰安婦」とされた女性たちが〕強制されたかどうかは関係ない。日本以外では誰もその点に関心はない。問題は慰安婦たちが悲惨な目に遭ったということであり、永田町の政治家たちは、この基本的な事実を忘れている(『朝日新聞』二〇〇七年三月一〇日)。

私は「強制」があったかどうかは、重要な問題だと考えていますが、ブッシュ前政権を支えていた共和党系の人たちでも、こういっているのです。女性に対する性暴力について、右派の人たちも厳しい姿勢で臨んでいます。キリスト教原理主義の右派であれば、そのゆえに厳しい態度をとるともいえます。こうした世論におされてアメリカの政治家や官僚は、たとえ内心でどう思っていようとも、性暴力を助長するような言動はできなくなっているのです。本当に、日本の状況と大きな違いがあるということでしょう。

もうひとつ、国連安全保障理事会の第一三二五決議を思い出すべきでしょう。この決議は二〇〇〇年一〇月三一日に採択されたのですが、その中につぎのような一節があります。

すべての国家には、ジェノサイド(大量虐殺)、人道に対する罪、性的その他の女性・少女に対する暴力を含む戦争犯罪の責任者への不処罰を断ち切り、訴追する責任があることを強調する。

このように、国連安全保障理事会はすでに、戦争にともなう性暴力について厳しく追及して行くという決定をしているのです。そして、アメリカ下院決議は、わざわざこの第一三二五決議を引用して、日本政府がこの決議に賛成したという事実と、したがって日本政府は戦時の性暴力に対してきちんと取り組む姿勢を示しているはずだということを、強調しています。安倍首相は、決議案に反対するために、ブッシュ大統領(当時)と会見しましたが、国連の場で立派な姿勢を示していた日本政府の首班が、軍「慰安婦」問題ではなぜ否定的な態度をとるのか、という当然の疑問が生じることになりました。

しかし、海外では相手にされない「歴史事実委員会」の見解が、日本ではかなり支持され、広がりを見せているという現実があります。

この意見広告は五つの「事実」を論じていますが、これらは、日本政府に責任なしとする人たちの主張のポイントを、よくまとめて示しています。そこで、事実はどうだったのか、資料・証言をどうみるべきか、以下で検討したいと思います（引用文中の〔　〕は引用者による補註です）。

＊ 意見広告（英文）は http://www.ianfu.net/facts/facts.html で見ることができます。

I　日本軍「慰安婦」制度とは何か

軍「慰安婦」制度とは何か

その前に、軍「慰安婦」制度とは何かを見ておきましょう。軍「慰安婦」とは、一九三二年の第一次上海事変から一九四五年の日本の敗戦までの期間に、戦地・占領地で日本陸海軍がつくった慰安所で軍人・軍属の性の相手をさせられた女性たちのことです。軍慰安所には三種類があります。第一は軍が直営する慰安所、第二は業者に経営させる軍専用の慰安所、第三は民間の遊廓等を軍が一時的に指定して利用する慰安所です。このうち、第一と第二の慰安所については軍の責任は特に重いといえるでしょう。これらとは別に、現地の部隊が地元の女性たちを連行して、一定期間監禁・レイプするケースもあります。

軍は国家の組織ですが、その軍が慰安所をつくり、維持し、拡大していったところに大きな問題があります。たとえていえば、文部科学省が各学校に教員専用の慰安所をつくり、教員に利用させていたら、だれでもおかしいと思うでしょう。戦地・占領地だったとしても、軍ならそれが許されるということにはならないのではないでしょうか。

なぜつくられたのか

それでは、なぜ、軍慰安所が組織的につくられたのでしょうか。日本軍がこの制度をつくる動機を、軍の資料から見てみると、四つあります。

第一は、強姦の防止という理由づけです。日本軍が、中国各地で作戦を開始し、戦闘が一段落すると、将校や兵士による強姦事件が起こりました。これは、軍が威信を失う重大問題なので、強姦を防ぐために、軍慰安所をつくれと派遣軍が指示した資料が残っています。しかし、この方策は失敗します。軍慰安所に特定の女性を閉じこめて、性の相手をさせることによって将兵の性的欲望を肥大化させている(それは特定の女性に対する性暴力の容認ということにもなります)ので、根本的な強姦防止に役立たないのです。軍慰安所に行けない時や、それがないところで、兵士たちが強姦という犯罪を起こすことになります。

第二は、性病蔓延防止という理由づけです。日本軍の将兵が、戦地・占領地で、民間の売春宿に通います。そこは、性病が蔓延しているので、性病に感染する。性病にかかると治療に長い時間がかかるので兵力が損耗する。それを防ぐために、日本軍の将兵には、民間の売春宿に行くことを禁止し、かわりに軍が軍人・軍属専用の施設として慰安所をつくるわけです。それにより、性病の蔓延を防止しようということになります。

しかし、これも失敗することになります。もともと、日本軍人のなかに、性病に感染している人がいるので、軍慰安所をつくることによって、そこが性病蔓延のもとになってしまいます。女性たちの性病管理をきちんとやろうとしても、実際にはできない。性病の拡大におどろいた陸軍が把握した性病の新規感染者数は、一九四二年には一万一九八三人、一九四三年には一万二五五七人、一九四四年は一万二五八七人になります（陸上自衛隊衛生学校編『大東亜戦争陸軍衛生史』第一巻・同校・一九七一年）。この数字は氷山の一角ともいえますが、ともかく性病の新規感染者数は増加し続ける。もちろん、あとの時代になるほど、兵士の動員数も増えていくので、パーセンテージとしては、減っているかもしれませんが、総数は増えている。もともと、軍慰安所をつくって、性病蔓延を防止するということは、無理であったわけです。

しかし、強姦防止にもあまり役立たず、性病蔓延防止にも役立たない軍の施設が、なぜその後もつくられ続け、増え続けていったのでしょうか。第三の、そして一番大きな理由は、日本軍の将兵に現地で「性的慰安」を提供するという発想が強かったということです。戦場では兵士のストレスが非常にたまります。軍が特に恐れたのは、そのストレスが上官に向かって暴発することでした。それを解消するために慰安を提供しようとしたのです。

慰安とは何でしょうか。普通はスポーツ・映画・演劇、あるいは本を提供するなど、健全な娯楽があるはずですが、残念ながら、日本軍指導部が最初に思いついたのは、女性をモノ扱いして提供するということでした。

なお、兵士のストレスを解消するために、一番いい方法は戦争をやめることです。特に日本が行った戦争の場合、大義名分がない侵略戦争であったことがストレスの大きさにつながったと考えられます。しかし、それができない場合でも、戦場に兵士を長期間釘付けにしないで、休暇制度をつくって、一時帰国させることができたはずです。また、一定期間戦場勤務をすれば、除隊・帰国させるということが考えられます。第一次世界大戦の経験から、欧米の軍隊はそういうことに気づいていましたが、日本軍には休暇制度はほとんどないにひとしい状態で、除隊・帰国の制度も不十分でした。いったん戦場に送られれば、自分がいつ休暇をもらえるのか、帰還できるのか、ということは分からなかったので、ストレスが極端にたまっていきます。また、軍隊内では兵士に人権がなく、きびしい抑圧の下におかれていたこともストレスがたまる原因でした。

第四の理由として軍があげているのは、「防諜」(スパイ防止)です。これは奇妙に聞こえるかもしれません。しかし、軍が考えたのは、兵士が戦地・占領地にある民間の売春宿に通うと、そこで女性と親しくなって、軍の秘密を漏らす恐れがあるというものでした。そのため、戦地・占領地にある民間の売春宿に通うことを禁止し、かわりに、軍が業者や女性を含めて、十分にコントロールできるような軍専用の施設をつくろうとするのです。

軍慰安所がつくられていく理由は、以上の通りですが、その施設は、軍が創設し、管理し、維持・拡大し、それをコントロールせざるを得ない要因をいくつも含んでいたのです。

「強制」とは？

性を買うという性の商品化は、それ自体問題だと思いますが、それ以前に、女性が強制によるのではなく、自由意志で売春するのであれば、それを買ってもかまわないではないか、という考え方が根強くあります。軍「慰安婦」問題でも同様です。そこで、性の商品化がもつ問題をひとまずおいて、軍「慰安婦」とされた女性たちは自由意志で売春をしていたと本当にいえるのか、女性たちに対する強制はなかったのかを検討していきたいと思います。

まず、基本的な事柄をおさえておきましょう。「強制」とは何かということです。これは、一九九三年の河野官房長官談話が示している定義でよいと思います。強制とは「本人たちの意思」に反する行為をさせることです。本人の意志に反して連行していくことは「強制連行」に、本人の意志に反して使役する場合は「強制使役」になります。そして、強制連行と強制使役とは切り離せない一体のものとして考えるべきだと思います。

少し話が細かくなりますが、安倍元首相がいうような「広義の強制」は問題ないのではないかという議論がありますので、関係する刑法を見ておきましょう。戦前の刑法第三三章「略取及《およ》ヒ誘拐ノ罪」が、軍「慰安婦」問題との関連で重要です。とくにその中の第二二六条が重要ですが、現実にこの条項で罰せられたケースもあります（一四頁参照）。二二六条には、こう書かれています。

帝国外ニ移送スル目的ヲ以《もっ》テ人ヲ略取又《また》ハ誘拐シタル者ハ二年以上ノ有期懲役ニ処ス
帝国外ニ移送スル目的ヲ以テ人ヲ売買シ又ハ被拐取者《ひかいしゅしゃ》若クハ被売者ヲ帝国外ニ移送シタル者亦《また》同シ

ここでは四つの事柄を犯罪と規定しています（以下、大塚仁ほか『大コンメンタール刑法』第二版・第一一巻・青林書院・二〇〇二年による）。

第一は「国外移送目的略取罪」です。これは、国外移送のために暴行または脅迫を手段として人を保護されている状態から引き離して、自己または第三者の事実的支配におくことです。この場合の暴行・脅迫は、刑法学者の説によれば、被害者の反抗を抑圧するほど強いものでなくても該当する、ということです。

第二は「国外移送目的誘拐罪」です。国外移送のために欺罔《ぎもう》または誘惑を手段として人を保護されている状態から引き離して、自己または第三者の事実的支配におくこと、とされています。このうち「欺罔」とは、「虚偽の事実をもって相手方を錯誤《さくご》に陥れること」、つまり、だますことです。「誘惑」とは、「甘言をもって相手方を動かしその判断の適正を誤らせること」をいいます。欺罔にまでは至らないけれども、甘言を用いることも犯罪になるということです。

第三に「（国外移送目的）人身売買罪」が規定されています。これは「国外移送のために対価をえて人身を授受すること」で、売り手・買い手とも正犯（犯罪行為の実行者）になります。なお、人身売買をあまねく罰するために刑法改正が行われるのは、なんと二〇〇五年です。それまでの日本の刑法は、国外移送をともなう場合を除いて、人身売買を犯罪とは規定していなかったのです。

第四は「国外移送罪」です。略取または誘拐または売買された者を国外に運び出すことです。

日本政府に責任なしとする人たちは「狭義の強制」だけが問題であるかのようにいっています。「狭義の強制」というのは、国外移送目的略取罪に該当するケースをいっているのだと思うのですが、実際には、広義・狭義などという差はないわけです。罪の重さはおなじです。国外移送目的略取罪・同誘拐罪・人身売買罪・国外移送罪に刑罰の差はないということです。また、軍・官憲が現場で直接手を下さなければ責任はないというのもおかしな話です。軍が徴募の指示をすれば、最高の責任者でしょう。

これをよく理解するために、現在の北朝鮮（朝鮮民主主義人民共和国）による拉致被害者に関する警察庁発表文を見てみましょう。一九七八年、飲食店従業員の田中実さん（当時二八歳）が、「甘言により海外へ連れ出された後、北朝鮮に送り込まれた」と警察庁が認定したケースです。警察庁は「複数の証人等から、同人が甘言に乗せられて北朝鮮へ送り込まれたことを強く示唆する供述証拠等を、新たに入手するに至った」として認定しています（警察庁「元飲食店店員拉致容疑事案（兵庫）について」二〇〇五年四月二五日）。これは「狭義の強制」ではないのですが、拉致容疑事案と警察庁は認定していることが分かります。また、直接手を下したのは、官憲ではなく、田中さんが勤めていた飲食店の店主でしたが、「北朝鮮による」拉致と判断しています。つまり、この北朝鮮による拉致事件では、広義の強制と狭義の強制との間に、何ら本質的な差異はなく、また指示した者に第一の責任があるという認識を、警察庁は持っているということです。これは非常に重要なことだと私は思います。なお、当然のことですが、証言等から認定しているのであって、北朝鮮の公文書がなければ認定できないなどという立場は、警察庁はとっていません。

処罰された事例

軍指定慰安所に関して、実際に刑法第二二六条によって、戦前においても国外移送目的誘拐罪と国外移送罪で処罰されたケースがあることも、紹介しておきたいと思います（これは、すでに『毎日新聞』一九九七年八月六日で報道されています）。一九三七年三月五日に大審院（現在の最高裁判所にあたる）の判決が出ていますが、日中戦争が始まるのは同年七月ですから、その直前ということになります。

一九三二年に、前年におきた満州事変が飛び火する形で第一次上海事件が起こりますが、それが一段落した時に上海で軍慰安所が設けられます。この時、ここに海軍指定慰安所をつくろうとして、長崎から女性たちを欺罔（だまし）と甘言で連れて行ったケースが、処罰されているのです。一年ぐらい慰安所に入れられ、その後裁判になったわけですが、だましなどの方法はつぎのとおりです（以下、戸塚悦朗「日本軍「従軍慰安婦」被害者の拉致事件を処罰した戦前の下級審刑事判決を発掘」正・続、『龍谷法学』三七巻三号〈二〇〇四年一二月〉・三八巻四号〈二〇〇六年三月〉による）。

一九三二年三月から五月にかけて、経営者や周旋人たちは、行き先は「兵隊相手ノ食堂」「帝国軍隊ノ酒保ノ如キ所ノ売子」「上海ノ料理屋ノ女給又ハ仲居」「海軍慰安所ニ於テ「カフェー」ノ女給又ハ仲居」「海軍指定慰安所ナル水兵或ハ士官等相手ノ「カフェー」」などという欺罔を用いています。酒保とは軍隊内にある物品販売所です。なお、カフェー(主として酒場)の女給は、ホステスのような接客業です。売春をする場合もありますが、必ず売春させられるわけではありません。彼らは、女性たちを兵士の性の相手をする「慰安婦」として雇えば、雇用するために何千円もかかるし、同意させるのも困難だと判断して、慰安所とは何かを告げなかったのです。

また、収入については、給料は安いが、祝儀が多いので月に七〇～八〇円になるとか、二〇〇～三〇〇円になるとか、一年で内地の二、三年分の収入があるという甘言を用いています。

一九三六年二月一四日、長崎地方裁判所は、主犯三名に懲役三年六カ月、従犯二名に二年六カ月、二名に二年、三名に一年六カ月(この三名のみ執行猶予付き)の刑を宣告しました。同年九月二八日、長崎控訴院は、三名を懲役二年六カ月に減刑し、四名を二年に、一名を一年六カ月(執行猶予付き)にしました(従犯二名は減刑、三名は一審と同じ。なお、二名は控訴していませんでした)。一九三七年三月五日、大審院は、被告らの上告を棄却し、有罪判決が確定しました。

国外移送目的誘拐罪・国外移送罪が適用され、慰安所の経営者と周旋人が有罪になったのです。この例が示すように、「広義の強制」も犯罪であることがはっきりしています。

しかし、一九三七年に日中全面戦争が始まり、軍慰安所が広範につくられていく中で、この第二二六条が適用されたケースは、その後なかったと思われます。なぜかというと、この裁判のケースは、軍が選定したのではない民間の業者が慰安所をつくろうとしたケースであり、背後に軍の明確な意向・指示がなかったことが考えられます(経営者のひとりは、名称を海軍指定慰安所としたといっているので、海軍の指定はえられたのではないかと思われます)。

その後、軍慰安所が大量につくられていく場合には、軍がそのことを決定し、軍の指示に基づいてつくられるために、特に植民地では黙認されるようになったのだと、私は思います。

だれが主役だったか

軍「慰安婦」制度を運用した主体は、軍なのか、それとも軍に選定された業者なのかということも、見ておきたいと思います。かりに略取や誘拐や人身売買があったとしても、それは業者が勝手にやったことで、軍や政府には責任はないという議論もあるからです。果たしてそうでしょうか。

軍「慰安婦」制度運用の主体は軍であるという事実を、ふたつの面から指摘したいと思います。第一は、公文書から解明される運用の仕方です。

まず、つくられ方ですが、設置は派遣軍の命令(指示)によります。たとえば、一九三八年六月二七日に北支那方面軍はなるべく速やかに軍慰安所をつくれという指示を出しています。この時点ではすでに、軍専用の慰安所は、業者が勝手に戦地に押しかけて行ってつくれるようなものではなかったのです。

つぎに、このような命令が出ると戦地・占領地の部隊は現地で女性を集めるか、業者を選定し、内地・朝鮮・台湾に派遣して女性たちを集めさせます。派遣軍が内務省・朝鮮総督府・台湾総督府に依頼し、そこの警察が業者を選定して集めさせる場合もあります(資料を見ると一九四二年以降は憲兵隊が選定などを担当するようです)。業者は手足として使われたのです。

業者・女性の渡航や戦地・占領地での移動は軍が便宜を図ります。軍慰安所とする建物は軍が接収して業者に利用させます。建物の改造も軍が行います。軍慰安所の利用規則・利用料金なども軍が決めます。女性たちの食料・衣服・寝具・食器などを軍が提供している場合もあります。軍「慰安婦」の性病検査は軍医が行います。各部隊は軍慰安所を監督・統制しています(詳細は吉見『従軍慰安婦』岩波新書・一九九五年参照)。

これらの事実は、現在では日本軍・政府の公文書がかなり公開されたため、刊行された資料集(たとえば吉見編『従軍慰安婦資料集』大月書店・一九九二年、女性のためのアジア平和国民基金編『「従軍慰安婦」関係資料集成』全五巻・龍溪書舎・一九九七〜九八年など)で、誰でも確認できるようになっていますが、業者ではなく、軍が主役であることは明らかでしょう。

軍の後方施設

第二に、軍慰安所は軍の後方施設(兵站付属施設)としてつくられていくのですが、その法的根拠を考えてみたいと思います。日本の陸海軍はともに、日本の国家のなかで最大の官僚組織です。ですから、何をやる場合にも、法なり規則なり指示なりに基づいてやっていくことになります。それでは、軍慰安所はどういう法的根拠に基づいてつくられたのかということですが、京都大学の永井和教授は、それは軍の後方施設としてつくられていく、その法的な根拠は、一九三七年九月二九日に出された陸達第四八号「野戦酒保規程改正」であると述べています（永井和『日中戦争から世界戦争へ』思文閣出版・二〇〇七年）。これは、非常に説得的な議論だと思います。日中戦争が拡大していく時期に改定されたこの規程の第一条はもともとはつぎのとおりです。

野戦酒保ハ戦地又ハ事変地ニ於テ軍人軍属其ノ他特ニ従軍ヲ許サレタル者ニ必要ナル日用品飲食物等ヲ正確且《かつ》廉価ニ販売スルヲ目的トス

前にも述べたように、酒保とは、軍隊内にある物品販売所ですが、この改正では、そのつぎに「野戦酒保ニ於テハ前項ノ外《ほか》必要ナル慰安施設ヲナスコトヲ得」という文が付け加えられていることを、永井教授は発見したのです。この「必要ナル慰安施設」の主なものとして軍慰安所がつくられたということなのです。そうであるとすれば、軍「慰安婦」制度は、軍の兵站付属施設としてつくられた面が一層はっきりしてくると思います。

以上から、軍「慰安婦」制度の創設・維持・運用・管理の主体は軍であり、業者が使われる場合があっても、それは副次的な役割であり、もし業者が国外移送目的略取罪・同誘拐罪・人身売買罪・国外移送罪などの犯罪を起こしたら、それを防がなかった軍に重大な責任があるということになります。

Ⅱ　五つの「事実」の検証

ここからは『ワシントンポスト』紙に掲載された「歴史事実委員会」の意見広告を素材として、軍「慰安婦」制度をめぐる諸事実を明らかにしていきたいと思います（なお、意見広告の英文の和訳は著者が行いました）。

1　強制はなかったか――第1の「事実」の検証

さて、「歴史事実委員会」がいう、第1の「事実」とはつぎのようなものです。

事実1　日本陸軍により女性たちが自らの意志に反して売春を強いられたことを積極的に示す歴史的文書は、これまで歴史家や調査機関によってひとつも発見されていない。政府や軍の指導者が出した戦時の命令を所蔵するアジア歴史資料センターの資料の調査からは、女性たちが「慰安婦」としての労働に強制的に狩り出されたことを示すものは何もなかったことが明らかになった。

逆に、女性たちの意志に反して労働を強制しないように民間業者に警告する多くの文書が発見された。一九三八年三月四日に発せられた陸軍通牒第二一九七号は、陸軍の名義を不正に用いたり、誘拐に類するとされたりする募集方法について、このような行為は厳罰に処されると警告して、明確に禁止して

> いる。一九三八年二月一八日に出された内務省通牒（第七七号）は、「慰安婦」の募集は国際法に従わなければならないとし、女性の奴隷化と誘拐を禁止している。同年一一月八日に出された通牒（第一三六号）は、それ以上に、二一歳以上の女性であって、すでに専門的に売春をしている者のみ、「慰安婦」として募集してもよいと命令している。これはまた、女性の家族か親族の承諾を要求している。
>
> 「慰安婦」の人数を二〇万人（アメリカのメディアで頻繁に引用される論点）に達すると主張するある歴史家は、逆に、通牒は陸軍の積極的な関与の証拠となると信じている。

「歴史事実委員会」は、日本政府や日本軍の公文書に限定して論じています。アジア歴史資料センターが撮影し、ネット上で公開している文書は公文書だからです（同センターが資料を所蔵しているというのは誤りです）。しかし、そのような日本政府・軍の公文書が発見されていないからといって、強制がなかったというのは説得力がないでしょう。なぜなら、もし強制していたとしても、強制せよとか強制したと軍や政府が公文書に書く可能性はほとんどないからです。自分にとって都合の悪いことや犯罪行為をわざわざ公文書に書いて残しておくでしょうか。これは、たとえはよくないかも知れませんが、誘拐の容疑者を前にして、犯行を明示する文書・記録を当人が書いたり、残したりしていないので無罪だと判断するようなものではないでしょうか。

また、なぜ女性たちの証言や、強制があったことを示す日本軍人の証言を無視するのでしょうか。それだけではありません。強制を示す資料や証言は視野を広くすれば、数多くあるのです。以下、代表的なものをいくつか見てみましょう。

女性たち(サバイバー)の証言とそれに基づく事実認定

まず、軍慰安所から生還した女性たち(サバイバー)の証言ですが、これは数多くあります。フィリピンと中国のケースをあげてみましょう。

フィリピンで名乗り出た女性たちの圧倒的多数は、軍による略取(監禁・レイプ)のケースでした。代表的な例は、マリア・ロサ・ルナ・ヘンソンさんの証言です。大阪大学の藤目ゆき准教授が丁寧な聞き書きをして、『ある日本軍「慰安婦」の回想』(岩波書店・一九九五年)という本にまとめています。これによればヘンソンさんは、道路を歩いていて日本軍に略取され、一定期間監禁・レイプされています。フィリピンでは、こういうケースが非常に多くあります。

中国については、山西省の盂県でのケースが裁判になり、その具体的な様相は、石田米子岡山大学名誉教授と内田知行大東文化大学教授が編集した『黄土の村の性暴力』(創土社・二〇〇四年)のなかで解明されています。これは現地にいた日本軍の部隊が地元の住民を連行してきて、一定期間監禁・レイプしたというものですが、被害女性からの聞き取りだけでなく、現地の住民の証言も数多く集め、被害の実態を深く解明することに成功しています。

この山西省のケースは三件の裁判になりました。請求は棄却されましたが、いずれも裁判所で事実認定がなされています。その概要をみるとつぎのようになります。

一番目は、中国人「慰安婦」損害賠償請求事件の第一次訴訟の東京高裁判決(二〇〇四年一二月

一五日)です。東京高裁は、中国山西省の李秀梅《リーシゥメイ》さんら四名の女性が日本軍部隊に連行され、監禁・強姦されたことを、つぎのように明確に認定しています。

八路軍が一九四〇年八月に行った大規模な反撃作戦により、日本軍北支那方面軍は大損害を被ったが、これに対し、北支那方面軍は、同年から一九四二年にかけて徹底した掃討、破壊、封鎖作戦を実施し(いわゆる三光作戦)、日本軍構成員による中国人に対する残虐行為も行われることがあった。このような中で、日本軍構成員らによって、駐屯地近くに住む中国人女性(少女も含む。)を強制的に拉致・連行して強姦し、監禁状態にして連日強姦を繰り返す行為、いわゆる慰安婦状態にする事件があった。

二番目は、第二次訴訟の東京地裁判決(二〇〇二年三月二九日)・東京高裁判決(二〇〇五年三月一八日)です。東京地裁は、一九四二年、日本兵と清郷隊(日本軍に協力した中国人武装組織)が集落を襲撃し、山西省の原告郭喜翠《クオシーツィ》さんと侯巧蓮《ホウチアオリエン》さんを、暴力的に拉致し、監禁・輪姦した(郭さんはその後二回拉致・監禁・輪姦された)と認定しています。また、東京高裁も、この認定を踏襲しています。二〇〇七年四月二七日、最高裁判所は原告による上告を棄却しましたが、日本兵と清郷隊による暴力的な拉致と監禁・輪姦の事実は認定しています。

三番目は、山西省性暴力被害賠償等請求事件の東京地裁判決(二〇〇三年四月二四日)と東京高裁判決(二〇〇五年三月三一日)です。東京地裁は、山西省の万愛花《ワンアイフア》さんら一〇名の女性の被害事実について、一九四〇年末から一九四四年初めにかけての性暴力被害の状況をほぼ原告の主張通りに認定しました。また、東京高裁も、この認定を踏襲しています。

なお、海南島戦時性暴力被害賠償請求事件の東京高裁判決(二〇〇九年三月二六日)も、八名の女性が日本軍に監禁・強姦された事件について「軍の力により威圧しあるいは脅迫して自己の性欲を満足させるために凌辱の限りを尽くした」と認定しています。

日本軍人による記録・証言

軍人の記録ではどうでしょうか。まず、長沢健一軍医大尉が戦後に記した記録を見てみましょう(長沢健一『漢口慰安所』図書出版社・一九八三年)。その中の「初店」という部分です。漢口にあった「戦捷館《せんしょうかん》」という軍慰安所に日本本土から連れて来られた女性のことを書いています。戦捷館に連れて来られた女性が、軍「慰安婦」にされることに激しく抵抗している場面に、長沢軍医は直面しています。彼女は性病検査を受けたくないと抵抗して、つぎのようにいったと記されています。

私は慰安所というところで兵隊さんを慰めてあげるのだと聞いてきたのに、こんなところで、こんなことをさせられるとは知らなかった。帰りたい、帰らせてくれ……

つまり、慰安所で働くとは聞いているが、慰安所が何であるかは聞いていなかった、ということです。それから、この女性は売られてきた、どうも困窮した親に売られて来たのではないかと書かれています。そして、契約書は一般に、はじめに借用証文、つぎの行に一、何千円也、ついで右借用候也、右の金額は酌婦稼業により支払うべく候也と書かれ、年、月、日、保護者氏名と当人の氏名を連署し、それぞれ捺印してある。

と長沢軍医はいっています。つまり、彼は気づいていないのですが、極めて違法な契約書に縛られて連れてこられたことを記述しています。なぜなら、当時でも、借金を売春によって返済するという契約は公序良俗に反し、民法第九〇条により無効とされていたからです。以上のことから、この女性は誘拐と人身売買によって、連れてこられたことがわかります。

つぎに、長沢軍医は、

とがめねばならぬのは、金で女を買う男たちなのか、女のからだを売らせる業者なのか、娘を金に換える親なのか、親をそこまで追いつめた社会なのか、当時の私には、そのいずれもが非道なものに思えた。

といっています。結局、この女性は、だまされて連れてこられ、前借金に縛られて抵抗できないような状況に追い詰められ、軍「慰安婦」にされてしまうのです。

ここで気づかされるのは、現地の軍（そして、その一員である長沢軍医）に「軍の責任」という発想が全く欠けている点です。国外移送のための人身売買と誘拐は犯罪であり、したがってただちに契約書を破棄して、女性を自由にして日本に送り帰さなければいけない、ということに軍側は気づいていません。これは、後で述べますが、より巧妙な公娼制度と違って、軍「慰安婦」制度はむき出しの性奴隷制度であるのに、最大の責任者であり受益者である軍がそのことに気づいていないことをよく示していると思います。

つぎに、漢口兵站司令部の副官で、軍慰安所係長であった山田清吉大尉(着任当時は少尉)が当時のノートなどにもとづいて戦後に書いた記録を見てみましょう。山田大尉は、日本内地から来た軍「慰安婦」は、だいたい娼妓《しょうぎ》・芸妓《げいぎ》・女給《じょきゅう》(この場合は売春の経歴のある女給)などの前歴のある二〇歳から二七、八歳の女性が多かったが、朝鮮から来た者は「〔売春の〕前歴もなく、年齢も十八、九の若い妓《こ》が多かった」と記しています(山田清吉『武漢兵站』図書出版社・一九七八年)。売春の前歴のない女性や二一歳未満の女性という、日本内地からの渡航は禁止されている(三二ページ参照)女性たちが、植民地からは数多く連れ出されているということが分かります。

中国でのケースを見てみましょう。独立山砲兵第二連隊第二大隊のある軍医は、一九四〇年八月に中国湖北省董市近郊の村で、地元の中国人女性を軍「慰安婦」にするため、性病検査をしたつらい体験をつぎのように当時の日記に書いています(一九四〇年八月一一日)。

さて、局部の内診となると、ますます恥ずかしがって、なかなか褲子《クーツ》〔ズボン〕をぬがない。通訳と〔治安〕維持会長が怒鳴りつけてやっとぬがせる。寝台に仰臥位《ぎょうがい》にして触診《しょくしん》すると、夢中になって〔私の〕手をひっ掻《か》く。見ると泣いている。部屋を出てからもしばらく泣いていたそうである。

次の姑娘《クーニャン》も同様で、こっちも泣きたいくらいである。みんなもこんな恥ずかしいことは初めての体験であろうし、なにしろ目的が目的なのだから、屈辱感を覚えるのは当然のことであろう。保長や維持会長たちから、村の治安のためと懇々と説得され、泣く泣くきたのであろうか？

なかには、お金を儲《もう》けることができると言われ、応募したものもいるかも知れないが、戦に敗れると惨めなものである。検診している自分も楽しくてやっているのではない。こういう仕事は自分には向かないし、人間性を蹂躙《じゅうりん》しているという意識が、念頭から離れない（溝部一人編『独山二』私家版・一九八三年所収）。

この軍医は、ヒューマンな感性をもっている人だと思います。彼の日記からは、女性たちが強制的に、少なくとも半強制的に軍慰安所に入れられたこと、それが人間性を蹂躙している問題だと当時でも感じとることができたことが分かります。

オランダ領東インド（インドネシア）でのケースも見てみましょう。一九四五年三月以降、海軍第二五特別根拠地隊がアンボン島で地元の女性たちにしたことを、同隊付の主計将校だった坂部康正氏は、戦後につぎのように回想しています。

M参謀は……アンボンに東西南北四つのクラブ（慰安所）を設け約一〇〇名の慰安婦を現地調達する案を出された。その案とはマレー語で、「日本軍将兵と姦を通じたるものは厳罰に処する」という布告を各町村に張り出させ、密告を奨励し、その情報に基づいて現住民《ママ》警察官を使って日本将兵とよい仲になっているものを探し出し、きめられた建物に収容する。その中から美人で病気のないものを慰安婦としてそれぞれのクラブで働かせるという計画で、我々の様に現住民《ママ》婦女子と恋仲になっている者には大恐慌で、この慰安婦狩りの間は夜歩きも出来なかった。

日本の兵隊さんとチンタ（恋人）になるのは彼等も喜ぶが、不特定多数の兵隊さんと強制収容された処で、いくら金や物がもらえるからと言って男をとらされるのは喜ぶ筈がない。クラブで泣き叫ぶインドネシヤの若い女性の声を私も何度か聞いて暗い気持になったものだ

（海軍経理学校補修学生第十期文集刊行委員会編『滄溟』同会・一九八三年所収）。

アンボン島で軍と官憲による強制連行・強制使役があったことは明らかでしょう。

外国の公文書による強制の記述

外国の公文書にも、強制の記録が残っています。第一はアメリカ軍資料です。アメリカ戦時情報局心理作戦班が作成した、今では有名な「日本人捕虜尋問報告」第四九号（一九四四年一〇月一日）です。これは、誘拐や人身売買で朝鮮人女性がビルマ（ミャンマー）に連れて来られたと、つぎのように記録しています。

一九四二年五月初旬、日本の周旋業者たちが、日本軍によって新たに征服された東南アジア諸地域における「慰安役務」に就く朝鮮人女性たちを徴集するため、朝鮮に到着した。この「役務」の性格は明示されなかったが、それは病院にいる負傷兵を見舞い、包帯を巻いてや

り、そして一般的に言えば、将兵を喜ばせることにかかわる仕事であると考えられていた。これらの周旋業者が用いる誘いのことばは、多額の金銭と、家族の負債を返済する好機、それに、楽な仕事と新天地――シンガポール――における新生活という将来性であった。このような偽りの説明を信じて、多くの女性が海外勤務に応募し、二、三百円の前渡し金を受け取った(吉見編『従軍慰安婦資料集』資料九九)。

誘拐とは、甘言を用いて相手の判断を誤らせたり、だましたりして拘束することですから、このケースは国外移送目的誘拐罪に該当します。また、二、三百円の前借金を渡していることから、人身売買罪にも該当します。この刑法は日本内地と同じものが朝鮮・台湾でも施行されていました。この米軍の記録には、約七〇〇名の朝鮮人女性がだまされて応募し、六カ月から一年間、軍の規則と業者のための役務に拘束された、この期間満了後もこの契約は更新された、と記されています。軍を主とし、業者を従とする犯罪だというほかないでしょう。これは明らかに強制です。

第二に、一九四六年から東京で開廷された極東国際軍事裁判(東京裁判)の証拠資料と判決があります(詳細は『戦争責任研究』五六号・二〇〇七年六月を参照)。証拠資料のなかから一例をあげますと、インドネシアのモア島で指揮官だったある日本陸軍中尉は、住民が憲兵隊を襲ったとして住民を処刑し、その娘たち五名を強制的に「娼家」に入れたことを認めています。このような証拠書類はいくつかあります。

また、判決では中国の事例について、つぎのように述べています。

> 桂林を占領している間、日本軍は強姦と掠奪のようなあらゆる種類の残虐行為を犯した。工場を設立するという口実で、かれらは女工を募集した。こうして募集された婦女子に、日本軍隊のために醜業を強制した。

これは、誘拐による「醜業」(売春)の強制ということになります。

第三は、一九九四年にオランダ政府が調査・公表をした公文書です。そのなかの一例を引用します。報告書にはつぎのように書かれています。

> 侵略の最中と占領の初期には、日本軍人による強姦事件が、タラカン、メナド、バンドン、パダン、フローレスなどで多発した。日本軍が犯人にたいして厳しい懲戒処分を科した場合もあった。ジャワ島のスマランに近いブロラで発生した強姦事件は、二〇人余のヨーロッパ人女性を二軒の家に監禁するという悪質なものだった。そこで三週間の間、そのうち数組の母娘をふくむ少なくとも一五人の女性たちが、さまざまな連隊《ママ》が通りかかるたびに日本軍人によって一日に数回にわたって強姦された(「日本占領下蘭領東インドにおけるオランダ人女性に対する強制売春に関するオランダ政府所蔵文書調査報告」『戦争責任研究』四号・一九九四年六月)。

これは中国山西省等のケース、フィリピンのケースと非常によく似ていますが、現実にこういうことが起こっていたのです。インドネシアでの他の事件については「第3の「事実」の検証」の節で述べたいと思いますが、軍が直接手を下した略取(監禁・レイプ)のケースに限っても、かなりあったことになります。

陸軍や内務省は厳重に取り締まっていたか

「歴史事実委員会」は「陸軍通牒第二一九七号」というものを紹介していますが、これは誤りで、正確には陸軍省副官通牒「軍慰安所従業婦等募集ニ関スル件」(陸支密第七四五号・一九三八年三月四日)のことです(第二一九七号というのは文書番号ではなく、陸軍省の記録係が文書を接受した番号です)。これは、業者が誘拐することなどを取り締まろうとした文書だといえるでしょうか。資料の表題の表記すらいいかげんなように、この理解も一面的です。

この通牒は、中国に派遣された陸軍部隊が業者を使って「慰安婦」の徴募をはじめたところ、日本内地で誘拐犯とみなされて業者が警察に逮捕されるなどの問題が起きたので、それを防ぐために北支那方面軍と中支那派遣軍に対して発したものです。指示事項は、軍の体面をまもるために「慰安婦」の募集に際しては派遣軍が統制し、業者の選定を周到適切にすること、実施に際しては関係地方の憲兵・警察と連携を密にすること、の二つだけです。違反した場合厳罰に処するとか、厳罰にせよとかは、どこにも書かれていません。

この通牒には別の重要な側面があります。それは、現地軍が開始した軍「慰安婦」徴募について、陸軍省が公式に承認したということです。

また、この指示がどう実施されたかについては、ふたつの可能性があります。ひとつは、日本内地で問題がおきたので、内地だけは憲兵・警察との連絡を密にした可能性です。もうひとつは、朝鮮・台湾でも連絡を密にした可能性です。いずれにしても、その後も、朝鮮・台湾では誘拐・人身売買等により女性たちが集められていきます。これは何を意味するのでしょうか。

それは、前者の場合ですと、現地軍が業者を使って軍「慰安婦」を徴募しているという、内地の人々に知られたくない事実が表面化しないように、軍と警察が連絡を密にしたということでしょう。また、内地では違法行為が起こらないように統制したが、植民地ではそのような措置はとられなかったということになります。

後者の場合であれば、植民地でも憲兵と警察が密接に連携して統制しているわけですが、にもかかわらず軍「慰安婦」徴募で誘拐・人身売買等が行われているわけですから、植民地では、軍または警察が選定した業者であれば、違法行為を黙認しつつ軍「慰安婦」の徴募を推進させたと考えるほかありません。

植民地でも国際法の規定は守られたか

つぎの、「内務省通牒(第七七号)」(一九三八年二月一八日)というのも不正確な引用です。これは正確には、内務省警保局長通牒案(警保局警発乙第七七号)で、実際には内務省警保局長通牒「支那渡航婦女ノ取扱ニ関スル件」(内務省発警第五号)として、二月二三日に出されたものです。これは、「慰安婦」の募集は国際法に従うよう指示し、女性の奴隷化や誘拐を禁止しているといえるでしょうか。

この通牒は、「慰安婦」の募集は「婦女売買ニ関スル国際条約」(「醜業ヲ行ハシムル為ノ婦女売買禁止ニ関スル国際条約」と「婦人及児童ノ売買禁止ニ関スル国際条約」)の趣旨にもとるおそれがあるとして、それに抵触しないよう指示し、渡航させる場合、満二一歳以上で、「娼妓其ノ他事実上醜業」を営む者に限って、また華北・華中に行く者に限って、黙認するとしています。渡航のための身分証明書を発給する場合には、稼業契約などを調査し、「婦女売買」や「略取誘拐等」の事実がないよう特に留意することと指示しています。また、軍の諒解や連絡があると公然という業者は厳重に取り締まる、としています。

これは、軍の強い要求があるので、軍「慰安婦」の渡航はやむを得ず認めるが、軍がこのようなことをしているということは隠せというものでした。主役である軍の姿が見えないようにしたのです。また、満二一歳以上の「醜業婦」は「慰安婦」にすることを黙認するとしている点で、人身売買罪の抜け穴をつくったという重大な問題があります。

しかし、それでもこの指示がきちんと守られていれば、日本内地から強制的に送られる女性は、すでに遊廓などに人身売買されている女性を除き、ほとんどいなかったことになります(実際にはきちんと守られなかったのですが)。

では、これと同様の通牒が朝鮮・台湾でも出されたのでしょうか。実は、この政策は日本内地に限定されていたのです。朝鮮・台湾では出されなかった。なぜかというと、日本政府は「婦女売買ニ関スル国際条約」を朝鮮・台湾などの植民地には適用しない方針をとっていたので、そこで出す必要がないと判断したからです。こうして、朝鮮・台湾からは、誘拐・人身売買等により集められた女性や、二一歳未満の女性たちが数多く軍「慰安婦」として戦地・占領地に連れて行かれたのです。外務省所蔵の公文書によれば、台湾からは一四歳の少女が軍「慰安婦」として、広東省に連行されています。「歴史事実委員会」はこの重大な問題に気づいていません。

第三に、「歴史事実委員会」は内務省通牒(第一三六号)をあげ、「慰安婦」を渡航させる場合、満二一歳以上で、「専門的に売春をしている者」に限定していると述べています。これも正確には、内務省警保局長通牒「南支方面渡航婦女ノ取扱ニ関スル件」(警保局警発甲第一三六号・一九三八年一一月八日)ですが、この指示の内容は、すでに内務省警保局長通牒「支那渡航婦女ノ取扱ニ関スル件」として、二月二三日に出されているものと同じなので、くりかえしません。

なお、「慰安婦」の募集には家族か親族かの承諾が必要だったといっていますが、人身売買は、本人の意志を無視し、家族または親族に前借金を与えて承諾させることによって広く行われていたのであり、それが人身売買の歯止めになっていたと思うのは余りに楽観的な考えだというほかないでしょう。

2　朝鮮総督府は業者による誘拐を取り締まったか——第2の「事実」の検証

「歴史事実委員会」は、第2の「事実」として、つぎのように述べています。

事実2　さらに、これらの指示が忠実に実行されていたことを示す多くの新聞記事がある。朝鮮で発行された『東亜日報』一九三九年八月三一日号は、女性の意志に反して「慰安婦」になることを強制した業者が、当時日本の支配下にあった現地警察によって罰せられるであろうと報じている。これは、女性に対する非人道的な犯罪を日本政府が厳しく取り締まっていたことを示す証拠となる。

この新聞記事はハングルの原文と英訳を付して掲載されています。朝鮮釜山の警察が女性を国外に誘拐する業者を逮捕したというものです。同様の記事はこのほかにもいくつかあることが知られています。すでにみたように、女性の誘拐や人身売買による国外への連れ出しは、刑法に違反する犯罪でしたから、警察が取り締まるのは当然のことです。しかし、問題は、これが軍が業者を使って集めていた軍「慰安婦」に関するものであるかどうか、です。記事の全文はつぎのようなものです(ハングルからの和訳は尹明淑氏によるものです)。

悪徳紹介業者が跋扈《ばっこ》／農村婦女子を誘拐／被害女性が百名を突破する／釜山刑事、奉天に急行

【釜山】満州に女娘子軍が大挙進出して、その相場がすこぶる高くなるとして、朝鮮内地の農村で生活の苦しい婦女子を〔ねらって〕、都会で潜伏活動するいわゆる紹介業者が限りなく跋扈し、最近、釜山府内でも悪徳紹介業者四五人が結託して、純真な婦女子を甘言利説を用いて誘惑し、満州方面に売った数が百人を超えるとし、釜山署司法係が厳重取調べを行なっているなか、同事件の関係者である奉天の某紹介所業者を逮捕するため、去る二八日夜にユ警部補以下刑事六人が奉天に急行したという。同犯人を逮捕したら、悪魔のような彼らの活動経緯が完全に暴露されるだろうとのことだ。

見られるように、「女娘子軍」とあるだけで、どこにも軍「慰安婦」だとは書かれていません。「女娘子軍」(娘子軍に相当)は、軍「慰安婦」をさす場合もありますが、軍とは関係ない民間の「売春婦」をさす場合も多くあります。これを軍「慰安婦」だと断定するのはミスリードでしょう(なお、意見広告での英訳は「悪徳業者たちが、〈日本軍兵士たちが群をなして売春宿を訪れているといわれる〉満州でのたくさんの報酬を約束して、貧しい家庭の女性たちを誘拐しようと共謀していた。そのような四五名の業者が……」となっており、そうとうな誤訳ですが、それでも、この英訳のどこにも「慰安婦」という語はありません)。この記事が示すのは、刑法の国外移送目的誘拐罪に該当する犯罪を警察が取り締まっていたということです。

しかし、重要なポイントは、それにもかかわらず、略取・誘拐や人身売買によって朝鮮から国外に移送される軍「慰安婦」が数多く生まれたのはなぜかということです。その理由は、軍か警察が選定した業者が集めた場合は黙認し、それ以外の一般の業者が集めた場合は摘発したということでしょう。

3 軍による強制は例外的だったか——第3の「事実」の検証

「歴史事実委員会」は、第3の「事実」として、つぎのように述べています。

◇◇ 事実3 しかしながら、明らかに規律違反のケースもあった。たとえば、オランダ領東インド(現インドネシア)のスマラン島では、ある陸軍部隊が若いオランダ人女性のグループを強制的に狩り出し、「慰安所」で働かせた。しかしながら、この慰安所は、この事件が明るみに出た時、陸軍の命令で閉鎖され、責任のある将校たちは処罰された。これに関与した者や他の戦争犯罪者は、後にオランダ法廷で裁かれ、死刑を含む重い判決を受けた。

スマラン慰安所事件は、広く知られるようになったので、「歴史事実委員会」もさすがに否定できなかったのでしょう。この事件での強制を一応認めています。しかし、この短い文章のなかに間違いが複数あることは、指摘しておかなくてはなりません。

まず、スマラン島という島はありません。スマランは都市名です。つぎに、責任者の将校は処罰された(後でオランダによっても処罰された)と述べています。この最初の部分は、日本軍が処罰したと読むほかありませんが、実は日本軍は処罰をしていない、少なくとも厳罰には処していないのです。反対に、責任者はその後出世しています。たとえば、南方軍幹部候補生隊隊長の能崎《のざき》清次少将は、一九四四年に旅団長になり、一九四五年三月には中将となり、四月には第一五二師団長に出世しています。

この事件は一九四四年二月、スマラン近郊の三つのオランダ人抑留所から、少なくとも二四名の女性たちがスマランに連行され、売春を強制されたというものです(当時、日本軍は、インドネシアにいたオランダ人を抑留所に抑留していました)。その後、逃げだした二名は警官につかまり、連れ戻されます。一名は精神病院に入院させられ、一名は自殺を企てるところまで追い込まれます。一名は妊娠し、中絶手術を受けさせられています。

ところで、スマラン事件のようなケースが例外的な事件でないことは、一九九四年のオランダ政府報告書をみるだけでも明らかです。日本軍がインドネシアを占領した初期に起こったブロラでの略取（監禁・レイプ）のケースはすでに見ましたが、この事件とスマラン事件以外にも、報告書は七件のケースを挙げています（前掲『戦争責任研究』四号参照）。

第一は、マゲランのケースです。一九四四年一月、ムンチラン抑留所から、日本軍と警察が女性たちを選別し、反対する抑留所住民の暴動を抑圧して連行したというものです。その一部は送り帰され、かわりに「志願者」が送られます。残りの一三名の女性は、マゲランに連行され、売春を強制された、と書かれています。

第二は、一九四四年四月、憲兵と警察がスマランで数百人の女性を検束し、スマランクラブ（軍慰安所）で選定を行い、二〇名の女性をスラバヤに移送したというケースです。そのうち一七名がフローレス島の軍慰安所に移送され、売春を強制された、と記されています。

第三は、一九四三年八月、シトボンドの日本人憲兵将校と警察が四人のヨーロッパ人女性に出頭を命じたというケースです。女性たちはパシール・プチのホテルに連れて行かれて二日間強姦され、そのうち、二名は自殺を図った、と記されています。

第四は、同年一〇月、憲兵将校が先のケースの四名の女性のうち二名の少女と他の二名の女性をボンドウオソのホテルに監禁したというケースです。他に八名が連行されたが、そのうち少なくとも四名が意志に反して拘束されたようだ、と記されています。

第五は、マランのケースです。ある女性の証言によると、マランの日本人憲兵が三名のヨーロッパ人女性を監禁して、売春を強いた、と記されています。

第六は、未遂事件ですが、一九四三年一二月、ジャワ島のソロ抑留所から日本軍が女性たちを連行しようとしたが、抑留所のリーダーたちによって阻止された、と記されています。

第七は、パダンのケースで、一九四三年一〇月頃から、日本軍はパダンの抑留所から二五名の女性をフォートデコックに連行しようとしたが、抑留所のリーダーたちが断固拒否したというものです。しかし、一一名が抑留所よりはましだと考えて「説得」に応じた、と記されています。

この最後のケースも、食料の極端な不足など、抑留所の劣悪で絶望的な環境を考えると、必ずしも「自由意志」によるとはいいがたいものがあります。

以上は、オランダ政府が、自らが持っている資料に基づいて、少なくともこういうケースがあったと述べているものです。白人の被害を中心に記述し、また、強制の範囲を非常に狭く取って解釈をしているのですが、それでも、日本軍が直接手を下した略取に限っても、これだけの事例を実際にあげているのです。すでに述べた中国やフィリピンでのケースもあります。スマラン事件等が例外的なケースとはとうていいえないでしょう。

4 元軍「慰安婦」の証言は信用できないか――第4の「事実」の検証

「歴史事実委員会」は、第4の「事実」として、つぎのように述べています。

事実4 日本軍の「慰安婦」虐待という、アメリカのマイク・ホンダ下院議員らによって提出された下院決議第一二一号やその他の告発は、ほとんど、元「慰安婦」の証言に基づいている。彼女たちの最初の陳述には、陸軍や他の日本政府機関によって強制的に働かされた、という言及はない。

しかしながら、反日キャンペーンの開始後には、彼女たちの証言は、劇的な変化を遂げている。下院の公聴会で証言した者たちは、最初は、業者に連行されたと証言したが、後には誘拐者は「警察の制服のような」服を着ていたと主張した。

元軍「慰安婦」の最初の証言では、日本陸軍や他の政府機関により強制使役されたという言及はないといっていますが、本当でしょうか。「歴史事実委員会」の主張とは異なり、元軍「慰安婦」の方々は、ほとんどすべて強制的に軍慰安所で使役されたと証言しています。

下院での証言者たちは、最初は業者に連行されたといい、あとで誘拐者は「警察の制服のような」服を着ていたというように変わったとも述べています。これは本当でしょうか。

「警察の制服のような」服を着ていたとアメリカ連邦議会下院の公聴会で証言した元軍「慰安婦」はいません。李容洙《イヨンス》さんは、一九九三年に出された証言集のなかでは、「国民服に戦闘帽をかぶって」いる中年の男に、赤いワンピースと革靴を見せられて、ついて行くことにした、後で怖くなって帰してくれといったが許されなかった、と語っています（韓国挺身隊問題対策協議会ほか編『証言』明石書店・一九九三年）。一九四四年秋、満一六歳の時です。誘拐のケースということになります。二〇〇七年の下院での証言では、連れて行った男は「戦闘帽に国民服のようなもの」を着ていたと証言しています。証言は変わっていないはずです。国民服というのは一九四〇年に陸軍主導でつくられた、軍服に似た男子の標準服で、軍人以外が着用するものです。この証言によれば、この男は軍人でも、警官でもなく、業者と解釈するほかなさそうです。どこが変わったというのでしょうか。

もう一人の証言者、金君子《キムクンジャ》さんは、下院で、「韓国人で軍服を着ている男」に会い、この男から「この仕事は金になる」といわれて、ついて行ったと証言しています。一九四二年三月のことで、当時一六歳だったといいます。一九四二年であれば、韓国人でかつ日本軍人であった人は極めて限られており、さらにブローカーまがいのことをする軍人はそういるとは思えないので、これは国民服を着た業者と考えるほかないでしょう。どこに問題があるのでしょうか。

朝鮮人女性の証言では、誘拐されたことを示す証言がかなりの割合であります。また、軍慰安所で女性たちがどのような状態におかれたのか、それをどう感じたのかは、サバイバーの証言を聞かなければ、解明されないのです（吉見『従軍慰安婦』参照）。その意味で、各証言についての史料批判は必要ですが、史料批判をへた女性たちの証言は極めて重要だといえるでしょう。

5　女性たちの待遇はよかったか——第5の「事実」の検証

「歴史事実委員会」は、第5の「事実」として、つぎのように述べています。

事実5　日本陸軍に配置された「慰安婦」は、一般に報告されているような「性奴隷」ではなかった。彼女たちは、当時世界中どこでもありふれていた公娼制度の下で働いていたのである。事実、女性たちの多くは、(アメリカ陸軍インド・ビルマ戦域軍に配属されたアメリカ戦時情報局心理作戦班APO689によって報告されているように)佐官や、それどころか将官が貰うよりもはるかに多額の収入をえており、そして、彼女たちの待遇は良かったという事実を証明する多くの証言がある。

この女性たちに対する暴力行為のゆえに処罰された兵士たちの記録がある。事実、兵士が民間人に対して強姦するのを防ぐために、多くの国が陸軍用の売春宿を設置した(たとえば、一九四五年に占領軍当局は、アメリカ軍兵士による強姦を防ぐために、日本政府に衛生的で安全な「慰安所」を作るよう要求した)。

(以下、結論)悲しいことに、第二次世界大戦中の悲惨な時期に多くの女性たちは、苛酷な苦難を経験させられた。そして、この歴史的事実を私たちは深い遺憾の意をもって直視したい。

同時に、下院決議案が主張する「二〇世紀における最大の人身取引事件のひとつ」において「若い女性たちに性奴隷制を強制したこと」で日本陸軍は有罪であると主張することは、はなはだしい、かつ意図的な真実の歪曲であるということを私たちは指摘しなければならない。結局、歴史家、秦郁彦の学術論文で詳述されているように、戦時における約二万人の「慰安婦」の内の五分の二は日本人女性だった。何よりもまず、我々は、アメリカの公衆と真実を共有したい。実際に起こった事件に対する批判は、謙虚に受け止めなければならない。しかし、事実無根の中傷や名誉毀損に対する謝罪は、公衆に、歴史的事実の誤った印象を与えるのみでなく、日米間の友好に否定的な影響をもたらすであろう。私たちは、歴史の正しい認識を共有するために、事実を客観的に見ることだけを要求している。

◇◇◇◇◇◇◇◇◇◇◇◇◇◇◇◇◇◇◇

軍「慰安婦」は「性奴隷」制度の被害者ではないか

まず、軍「慰安婦」は「性奴隷」ではなく、公娼制度の下で働いていたという議論を見てみましょう。「歴史事実委員会」は、公娼制度下におかれていた女性たち(娼妓など)を「性奴隷制度」の被害者ではないと思っているようです。しかし、公娼制度は事実上の性奴隷制度であり、娼妓などはこの制度の被害者であったのです(軍「慰安婦」制度は文字通りの性奴隷制度でした)。

なぜなら、公娼制度下におかれていた女性たちのほとんどは、本人の意志に反し、人身売買により、前借金によってしばられ、遊廓の業者に拘束されていたからです。

この事実は、当時から指摘されています。たとえば、一九二四年一月に早稲田大学教授の安部磯雄らが提出した「公娼制度廃止請願書」は、「公娼制度は事実上戦慄《せんりつ》すべき人身売買と惨憺《さんたん》たる奴隷制度とを伴ふて免《まぬが》る能はざる悪制度也」といっています。また、神奈川県会(県議会)も、一九三〇年一二月の決議で、「公娼制度は人身売買と自由拘束の二大罪悪を内容とする事実上の奴隷制度である」といっているのです。

では、なぜ「事実上の奴隷制度」というのでしょうか。それは、公娼制度が奴隷制度であることを隠し、諸外国からの非難をかわすために、日本政府が「娼妓取締規則」をつくり、娼妓と買春者は、貸座敷を借りて、自由意志で性の売買を行っているという見せかけをつくったからです。「自由意志」であるという見せかけをつくるために、娼妓はいやになればいつでも廃業できるという「自由廃業」の規定を日本内地では入れていました。

しかし、これは法律上の単なる言葉に過ぎませんでした。そもそも、そのような規定があることを娼妓自身は知りませんでしたし、かりに知ったとしても、それを実行に移すことはまず不可能でした。なぜなら、「自由廃業」をしようとすれば警察に届けなければならなかったのですが、業者などに妨害されて届けを出すことは困難でした。

支援者の援助を受け、運よく警察に届けを出して受理されたとしても、今度は業者が裁判を起こして、前借金を返せと要求しました。前借金を娼妓稼働(売春)によって返金させる契約は本来、民法第九〇条がいう公序良俗に反するので無効のはずでした。しかし、裁判所はこの契約を、形式的に娼妓稼業契約と金銭貸借上の契約とに分け、娼妓稼業契約は違法だが、金銭貸借上の契約は有効だとして、前借金の返還を命じる判決を出しましたから、お金を返せない娼妓は、やむなく遊廓に拘束され続けることになったのです(牧英正『人身売買』岩波新書・一九七一年)。

本来は、公序良俗に反する契約は全体として無効であるから、前借金を返す必要はないとする判決が出されるべきだったのですが、そのような最高裁判決が出て確定するのは、戦争が終わって一〇年後の一九五五年のことです。この判決が出るまで異常な事態が続いていたことになります。

こうして、自由意志による稼働という外見にもかかわらず、「居住の自由」がなく、「廃業の自由」「選客の自由」「外出の自由」「休業の自由」なども業者などによって事実上奪われていましたから、公娼制度は性奴隷制度というほかないのです。なお、内務省は一九三三年に「外出の自由」を認めるよう業者に指示し、許可制であれば「外出の自由」があるとはいえないと注意していますが、これがきちんと守られていたとはいえません。

これに対し、軍「慰安婦」制度では、「居住の自由」はもちろん、公娼制度が外見上認めていた「自由廃業」の規定もなく、「外出の自由」も認めていませんでした。それどころか、軍「慰安婦」の外出は厳しく制限されていました。いくつかの例をあげると、一九三九年に中国湖北省の葛店というところに駐屯していた独立山砲兵第三連隊は、「慰安婦ノ外出ニ関シテハ聯隊長ノ許可ヲ受クベシ」という規定をつくっています（森川部隊「森川部隊特種慰安業務ニ関スル規定」一九三九年一一月一四日）。またこの部隊が一九四〇年に作成した規定では、軍「慰安婦」などの散歩区域も制限しています。フィリピンのパナイ島イロイロ市にいた比島軍政監部ビサヤ支部イロイロ出張所は、業者に「慰安婦外出ヲ厳重取締」まらせる規定をつくっています。また、軍「慰安婦」の散歩区域は一ブロック区画の小さな公園内のみとし、散歩時間は午前八時から一〇時までの二時間に制限しています（資料**1**参照。「慰安所規定（第一慰安所、亜細亜会館）」一九四二年一一月）。また、「選客の自由」がある余地はありませんでした。相手をすることを拒否すれば、多くの場合軍人から制裁を受けるか、業者から殴られるのがおちでした。このように、外見上の「保護」規定すらない軍「慰安婦」制度は、文字通りの性奴隷制度というほかありません。

当時、公娼制はどこにでもありふれていたか

たとえ、公娼制度が当時、世界中のどこにでもあったとしても、そのことによって公娼制度や軍「慰安婦」制度を正当化することはできないと思いますが、どうでしょうか。

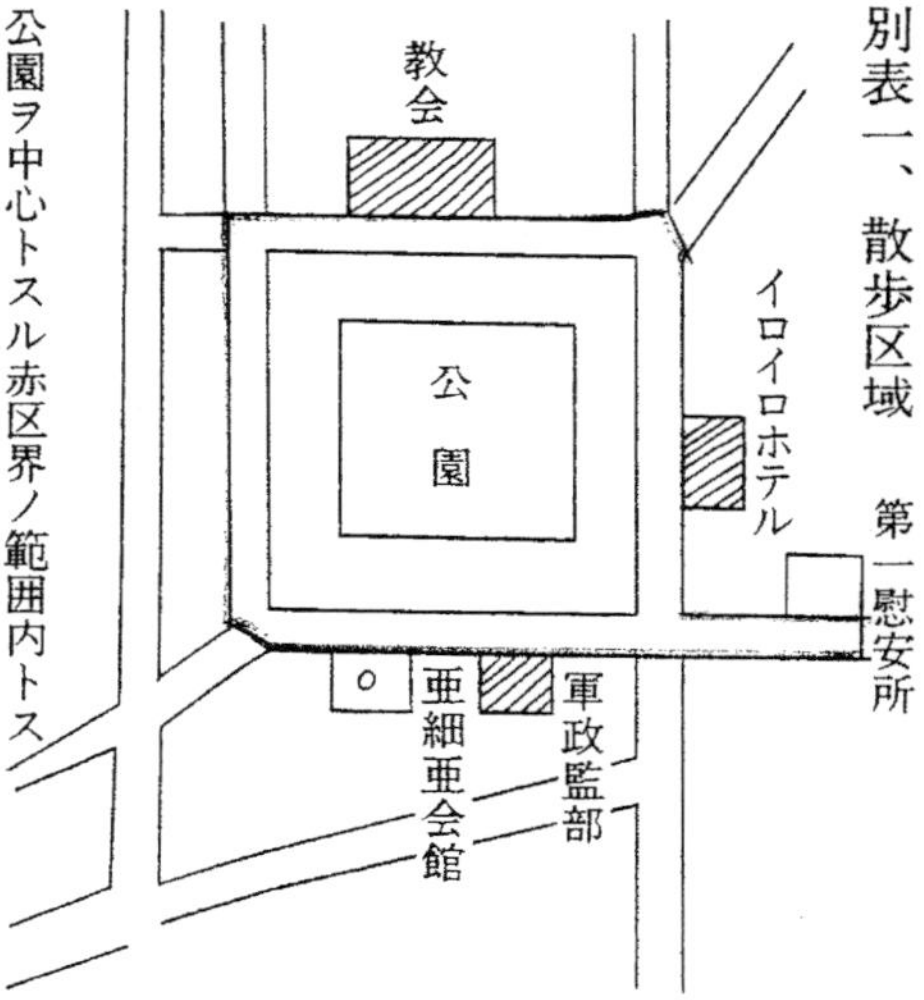

資料1　「慰安婦」の外出規制（フィリピン・イロイロ市）
公園を囲む１ブロックに制限されている．亜細亜会館も慰安所（出典：比島軍政監部ビザヤ支部イロイロ出張所「慰安所規定（第一慰安所，亜細亜会館）」1942年11月．吉見編『従軍慰安婦資料集』資料70，大月書店，1992年）

公娼制度は一九世紀後半から二〇世紀初めにかけて、次々と廃止されていきました。イギリスは一八八六年に廃止し、ついでノルウェー・スウェーデン・デンマーク・ニュージーランド・カナダなどが廃止し、一九

三〇年までにかなりの国が廃止しました。存続していたのは、日本・オーストリア・イタリア・スペイン等の国でした(油谷治郎七『欧米列国風紀及性病法制概観』廓清会婦人矯風会廃娼聯盟・一九三二年)。日本軍が「慰安婦」制度をつくり始めた一九三二年以降には、公娼制度をもつ国はかなり減少していたのです。「世界中どこでもありふれていた」とはとうていいえません。

なお、日本でも一八九三年に群馬県が公娼制度を廃止し、ついで一九三〇年から一九四一年の間に、埼玉・秋田・長崎・青森・富山・三重・宮崎・茨城・香川・愛媛・徳島・鳥取・石川の一三県が廃止しました(ただし、「芸妓」等が残る場合があります)。他に福井・福島・新潟・神奈川・長野・沖縄・山梨・岩手・高知・宮城・鹿児島・広島・滋賀・岡山の一四県が廃娼決議をしています。

また、日本政府は、イギリスなどによる東南アジアでの公娼制度の廃止(たとえばマレーのペナンでは一九一九年に廃止)に協力して、海外に連れて行かれ、売春をさせられていた日本人女性である「からゆきさん」を廃業させていました。こうして、日本でも、日本以外のアジアでも、公娼制度はありふれたものではなくなっていたのです。

軍「慰安婦」は将軍等よりもたくさん稼いでいたか

「歴史事実委員会」は、佐官や将官よりも軍「慰安婦」の方が収入が多かったといっています。そんなことがありえるでしょうか。結論からいうと、これは海外での極端なインフレを考慮しない暴論というほかありません。具体的にみてみましょう。

「歴史事実委員会」は、証拠として先にみた「日本人捕虜尋問報告」第四九号をあげています(二七ページ参照)。ここには、軍「慰安婦」は普通の月で総額一五〇〇円程度の稼ぎがあり、そこから業者に五〇%ないし六〇%を渡すと記されています(より詳しい別の資料では最高一五〇〇円、最低三〇〇円となっています)。これが事実だとすると、実収入は最高で月六〇〇円から七五〇円(年額七二〇〇円から九〇〇〇円)となります。なお、ビルマの通貨はルピーですが、一ルピーは一円、とされていました。軍「慰安婦」が受け取ったのは在来通貨ではなく、南方開発金庫が発行した南方開発金庫券(軍票)ですが、額面は大きいように見えます。なぜなら、一九四三年当時の陸軍大佐の年俸は、加俸や手当などを除くと、四四四〇円、陸軍大将は六六〇〇円だからです(「大東亜戦争陸軍給与令」)。一見、大将の収入に勝るとも劣らない額に見えます。

しかし、「日本人捕虜尋問報告」第四九号には、すぐ後で、業者が食料その他の物品の代金を軍「慰安婦」に要求したので、彼女たちは生活困難に陥ったとも書かれています。月収七五〇円といっても大した額ではないようです。なぜそうだったのでしょうか。**図1**をみればその理由がよくわかります。

実は、日本軍が占領した海外の各地は、一九四三年頃からひどいインフレになっていたのです。マラヤ・スマトラなど日本から遠いところほどひどく、とくにビルマとフィリピンが激しかったのです。小林英夫早稲田大学教授は、東京を軸に、同心円をえがく形で、その周辺部に行けば行

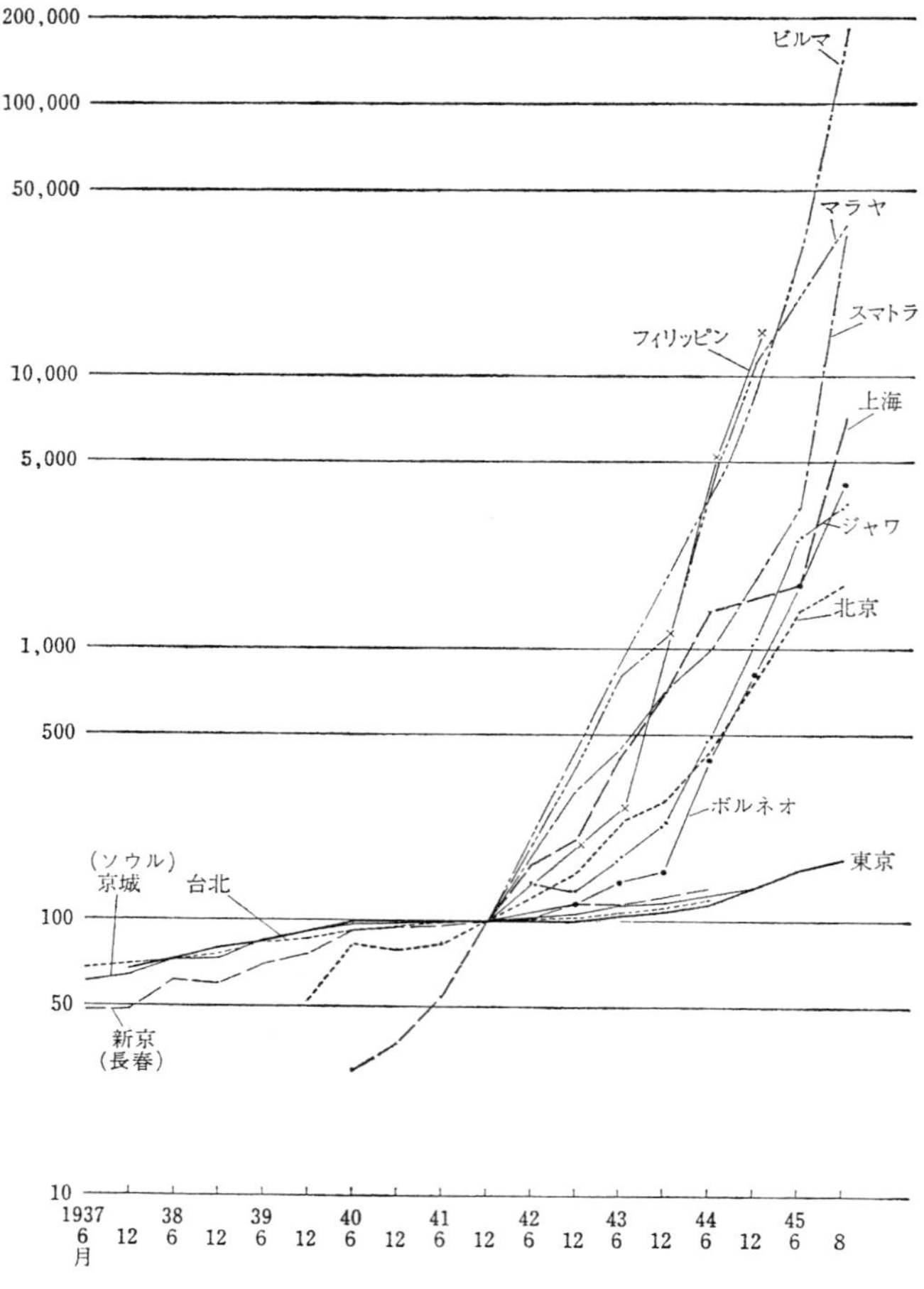

図 1　「大東亜共栄圏」下の物価指数(1941 年 12 月を 100 とする)
(出典：小林英夫『増補版「大東亜共栄圏」の形成と崩壊』御茶の水書房，2006 年．原典は日本銀行統計局編『戦時中金融統計要覧』同局，1947 年)

表1　アジア各地の物価指数(1941年12月を100とする)

	東京	ラングーン	マニラ	シンガポール	バタビア
1943年12月	111	1718	1196	1201	227
1944年 6月	118	3635	5154	4469	492
1944年12月	130	8707	14285	10766	—
1945年 3月	140	12700	14285	—	1752
1945年 6月	152	30629	—	—	2421
1945年 8月	161	185648	—	35000	3197

(出典：日本銀行統計局編『戦時中金融統計要覧』同局，1947年)

くほど「インフレは激烈化した」と述べています（小林英夫『増補版「大東亜共栄圏」の形成と崩壊』御茶の水書房・二〇〇六年）。フィリピンを別にすれば、その通りです。**図1**が示しているように、一九四一年一二月を一〇〇とすると、東京では一九四五年八月頃までに物価は一・六倍程度にしかなっていなかったのに対し、ビルマでは一〇〇〇倍を超え、二〇〇〇倍になろうとしていました。

これを数字で示すと**表1**のようになります。これをもとに計算しますと、一九四四年六月のビルマ（ラングーン）での七五〇円は、東京の二四円程度の価値しかありません（一二月には一一円程度に低下）。一九四五年八月のビルマでの七五〇円は、東京では一円以下（六五銭程度）の価値しかありません。近衛師団将校だった総山《ふさやま》孝雄日本学士院会員は、北スマトラの状況を「インフレーションで軍票の価値がどんどん下がり、町の食堂ではラーメン1杯の値段が将校の1カ月分の給料ぐらいになりました」と回想しています（インドネシア日本占領期史料フォーラム編『証言集――日本軍占領下のインドネシア』龍溪書舎・一九九一年）。ビルマのインフレはそれよりも激しいものでした。歴史学者の太田常蔵氏は「一九年（一九四四年）後半以降の戦況の不利は、軍票の価値を減少させ、二〇年三月マンダレー失陥後は、軍票はほとんど無価値になってしまった」と述べています（太田常蔵『ビルマにおける日本軍政史の研究』吉川弘文館・一九六七年）。つまり、月七五〇円といっても、その価値はほとんどないので、すぐに生活困難に陥るのです。

つぎに、**資料2**を見てみましょう。これは、ビルマに送り込まれた元軍「慰安婦」文玉珠《ムンオクチュ》さんの軍事郵便貯金原簿の調書です。貯金は一九四三年三月から始まっていますが、一九四五年になって貯金額は大きく跳ね上がって、五月二三日には一万円も貯金しています。しかし、この一万円は、大将の年俸以上であるどころか、太田氏がいうように、すでに無価値になっていたのです。

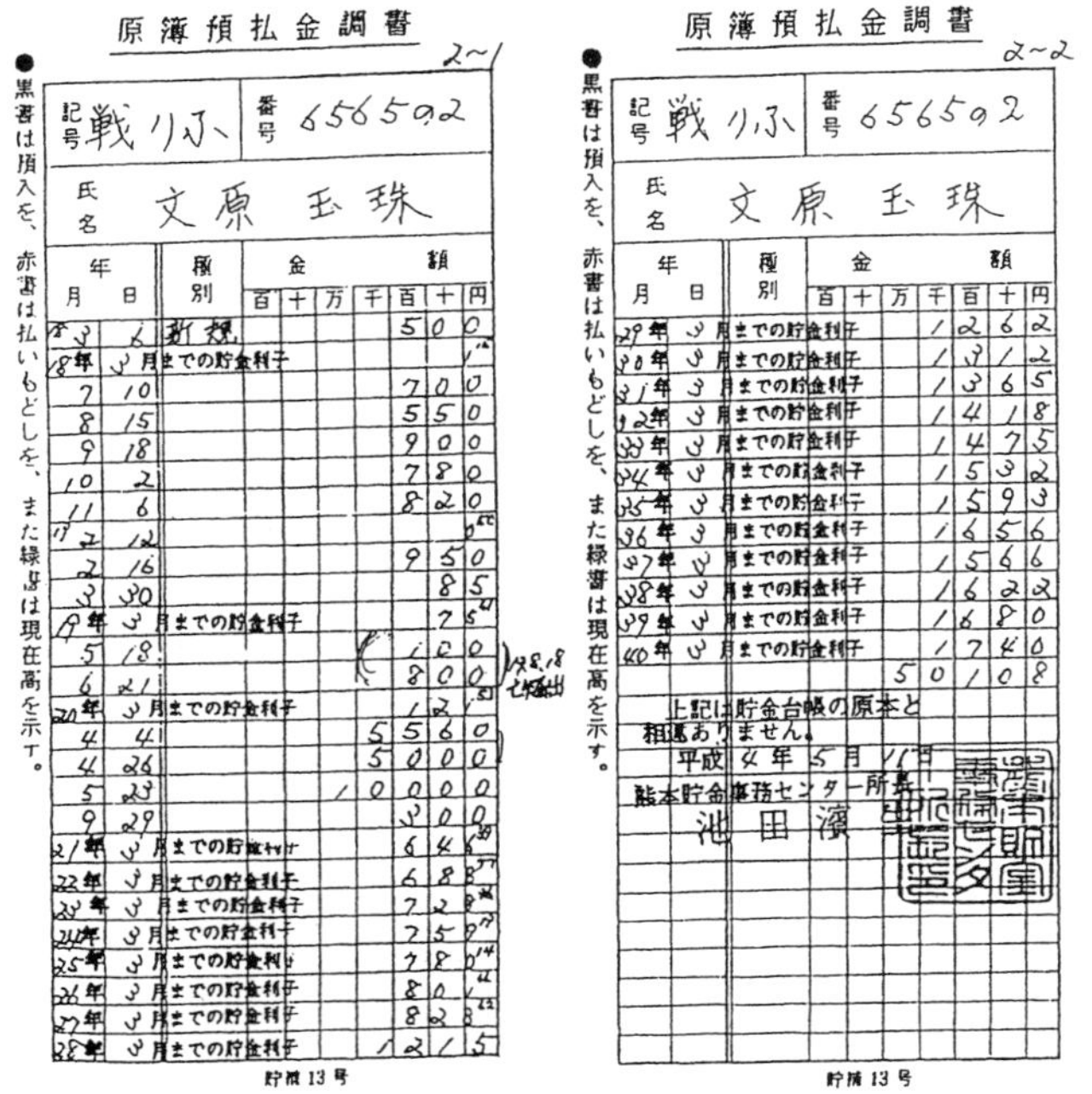

原簿預払金調書　2~1

記号　戦りふ　番号　656502

氏名　文原玉珠

年 月	日	種別	金額
3	6	新規	500
18年 3月までの貯金利子			1
7	10		700
8	15		550
9	18		900
10	2		780
11	6		820
2	12		0
2	16		950
3	30		85
19年 3月までの貯金利子			75
5	18		100
6	21		800
20年 3月までの貯金利子			121
4	4		5560
4	26		5000
5	23		10000
9	29		300
21年 3月までの貯金利子			648
22年 3月までの貯金利子			688
23年 3月までの貯金利子			728
24年 3月までの貯金利子			750
25年 3月までの貯金利子			780
26年 3月までの貯金利子			801
27年 3月までの貯金利子			828
28年 3月までの貯金利子			1215

●黒書は預入を、赤書は払いもどしを、また緑書は現在高を示す。

貯積13号

原簿預払金調書　2~2

記号　戦りふ　番号　656502

氏名　文原玉珠

年 月	日	種別	金額
29年 3月までの貯金利子			1262
30年 3月までの貯金利子			1312
31年 3月までの貯金利子			1365
32年 3月までの貯金利子			1418
33年 3月までの貯金利子			1475
34年 3月までの貯金利子			1532
35年 3月までの貯金利子			1593
36年 3月までの貯金利子			1656
37年 3月までの貯金利子			1566
38年 3月までの貯金利子			1622
39年 3月までの貯金利子			1680
40年 3月までの貯金利子			1740
			50108

上記は貯金台帳の原本と相違ありません。

平成4年5月11日

熊本貯金事務センター所長

池田濱

●黒書は預入を、赤書は払いもどしを、また緑書は現在高を示す。

貯積13号

資料2　文玉珠さんの軍事郵便貯金原簿の調書（元郵政省熊本貯金事務センター保管）

（出典：文玉珠『ビルマ戦線 楯師団の「慰安婦」だった私』梨の木舎，1996年）

文さんの回想によれば、業者はお金をほとんどくれず、軍人がくれたチップがたまっていったといいます〈文玉珠〈森川万智子構成〉『ビルマ戦線 楯師団の「慰安婦」だった私』梨の木舎・一九九六年〉。軍人は、軍票をもっていても価値がなく、何も買えないので、文さんにチップだといって渡したのです。しかし、そのお金は使い出がなく、貯金として積まれていったのです。文さんは、日本が戦争に負けるまで、故郷に帰れなかったので、一円も引き出せませんでした。かりに、運よく戦争中に朝鮮に帰れたとしても、政府は海外の激しいインフレが日本や朝鮮に波及するのを防ぐ措置を取っていたために、額面通りには引き出せなかったでしょう。無価値の軍票をつかまされていたことになります。こうして、「多額の収入をえていた」というのは事実誤認であったということになります。

待遇はよかったか

「歴史事実委員会」は、女性たちが待遇よく取り扱われていたことを証明する証言はたくさんある、といっています。それは、軍慰安所を利用した軍人側の見方でしょう。苦しみをかくして、将校・兵士の性の相手をおとなしくする限りでは、それなりに大事にされていたということはあるかもしれません。しかし、かりに待遇がよかったという証言が多いとすれば、それは、毎日毎日おしよせる軍人の性の相手をしなければならない苦界《くがい》に、女性たちが沈まされ、苦しんでいたという事実を察することができない軍人がたくさんいたということになるでしょう。

とはいえ、軍「慰安婦」の立場を思いやることができた軍人による、逆の証言も数多くあります。いくつか見てみましょう。漢口兵站司令部の堀江貞雄司令官は、軍慰安所をはじめて視察して回った時の印象を、戦後つぎのように回想しています。

私は挙手の礼を返しながらも、暗然として彼女たちを正視するに忍びなかったが、これは道義心の一片でも持っている者にとって当然のことであると思う。それから一々部屋の中を案内された。室内の調度、寝具、衛生設備など、かようかように良く整っていると説明されたが、最初にショックを受けた私は、見た眼がきらびやかなだけ、その背後にひそむ悲惨な状態を思うて、何ともいえないいやな気持に襲われたものである（堀江貞雄「声なき戦線」、前掲『武漢兵站』から重引）。

この部分は高級将校としてのまともな感慨ではないでしょうか。堀江大佐がみた軍慰安所は設備のよく整った大都市の慰安所でしたが、つぎは、ベトナムの軍慰安所を見た、ある若い下級将校の戦後の記録です。

かねがね噂には聞いていたピー屋（慰安所）だが、そのあまりにも無造作な現実は、刺激というより、異様な世界を見せつけられる思いがした。白昼堂々立ち並んで順番を待つ者の鼻先へ、コトを済ませ、半袴（半ズボン）の紐も締め終わらぬままつぎつぎ出てくる姿の生々しさ。はしゃぐわけでもなく、ある種の緊張の中に、コンベヤーシステム然と進行する儀式は、禁断の木の実を知らぬ私をたじろがせた（南原幸夫『遥かなる仏印』私家版・一九八三年）。

このように、軍人ですらたじろぐような軍慰安所で、ベルトコンベヤー式に次々とやってくる兵士の相手をしなければならない女性たちの待遇がよかった、とはどういうことでしょうか。軍「慰安婦」の待遇はよく、収入も多かったという主張は、「第二次世界大戦中の悲惨な時期に多くの女性たちは、苛酷な苦難を経験させられた。そして、この歴史的事実を私たちは深い遺憾の意をもって直視したい」という、自らの言葉と矛盾していることに気づいてほしいと思います。

他の軍隊にもあったか

「歴史事実委員会」は、他の軍隊も売春宿を設置していたし、アメリカ軍は日本占領初期に軍慰安所をつくるよう要求したといっています。他国の軍隊に、日本軍の「慰安婦」制度と同様なものがあったとすれば、それはそれで大問題でしょう。しかし、そのことによって、日本軍や日本政府が免責されるわけではないのです。かりに人権侵害をみんながやっているとしても、人権侵害は許されないことです。

なお、軍が率先してこのような制度をつくり、維持・管理していったのは、確認される限り、日本軍とドイツ軍しかありません。アメリカ軍の周辺にも売春宿はありましたが、軍が自らの施設として慰安所をつくったり、女性たちを集めるために自ら業者を選定して徴募させたりする、ということまではしていなかったでしょう。

占領軍慰安所は確かに一時期存在していました。これは、アメリカ軍の要求によりつくられたというより、日本政府が率先して設置していったのですが、一九四六年三月には、アメリカ軍の指示により、短期間で閉鎖されます。

軍「慰安婦」問題は「二〇世紀における最大の人身取引事件のひとつ」ではないか

アメリカ連邦議会下院の決議は、軍「慰安婦」問題は「二〇世紀における最大の人身取引事件のひとつ」であるといっています。これは、はなはだしい、故意の歪曲であるといえるでしょうか。私は、下院決議は歪曲ではないと思います。なぜなら、すでに検討してきたように、軍「慰安婦」制度は人身売買・誘拐・略取を本質のひとつとしているからです。

また、「歴史事実委員会」は、軍「慰安婦」総数は約二万人で、その五分の二は日本人だったという秦郁彦元日本大学教授の新説を持ち出しています。しかし、かりにそうであったとしても、人身売買などにより二万人も軍慰安所に拘束したのであれば、「二〇世紀における最大の人身取引事件のひとつ」というほかないでしょう。八〇〇〇人もの日本人女性を人身売買により国外に移送したとしたら、それも大きな問題です。なぜなら、日本人「慰安婦」のほとんどは、それ以前に人身売買されて遊廓等に拘束され、こんどは軍「慰安婦」として軍慰安所に拘束されたからです。

私は、軍「慰安婦」の総数は二万人よりもずっと多く、日本人以外の女性の比率ももっと高かったと思います。その根拠を、秦氏の旧説に従って見てみましょう。

秦氏は、かつてつぎのように述べていました。戦中外地に派遣された兵力は陸海軍合計で日米開戦時二〇八万・終戦時二五六万・戦死者二〇〇万だが、軍「慰安婦」が配置されなかった地域を考慮して、基数を三〇〇万とする。兵五〇名に一名の割合で配置されたとして、三〇〇万÷五〇＝六万となる。軍「慰安婦」交替率を一・五とすると六万×一・五＝九万となる。従って、総数は六万から九万か、と（秦郁彦『昭和史の謎を追う』下巻・文藝春秋・一九九三年）。これは合理的な推計だと思います。ただし、日本陸軍は兵一〇〇名に一名の割合で軍「慰安婦」を用意したということが金原節三「陸軍省業務日誌摘録」などに記録されていることと、少なくとも交替率は一・五あっただろうことを考慮すると、つぎのようになります。

三〇〇万÷一〇〇×一・五＝四・五万

これは軍が上の方から用意する数で、これ以外に現地の各部隊や警備隊などが独自に徴募する数を含めると、どんなに少なく見積もっても五万以上になるというのが私の推計です。中国人「慰安婦」の交替率はもっと高かったこと、短期間の監禁・レイプのケースが多かったことを考えると、実数はさらに大きくなると思います。

なお、秦氏の新説では、軍の基数が二五〇万に減らされ、軍「慰安婦」の基準も兵一五〇人に一人に減らされて、二五〇万÷一五〇＝一・六万と計算され、「満州」・中国で一・五交替、南方で交替なしとして、総数は約二万とされています（秦郁彦『慰安婦と戦場の性』新潮社・一九九九年）。

しかし、いくらなんでもこれは減らしすぎでしょう。

また、軍「慰安婦」の民族別でも、日本人以外が圧倒的だったということは、たとえば大本営陸軍部研究班が一九四〇年に作成した調査報告からもうかがえます(「支那事変ニ於ケル軍紀風紀ノ見地ヨリ観察セル性病ニ就テ」)。これによれば、中国で性病にかかった兵士は一九四〇年に一万四七五七名いました。感染時の「相手女」としてあげられている数字を計算すると、つぎのようになります(国籍不明・不詳を除く。計算方法は、吉見・林博史編『共同研究 日本軍慰安婦』大月書店・一九九五年参照)。

朝鮮人五一・八%　　中国人三六・〇%　　日本人一二・二%

もちろん、「相手女」のすべてが「慰安婦」だったわけではありませんが、大部分は「慰安婦」でしょう。性病にかかっている比率が三者同じではないという事情も考慮する必要がありますが、一九四〇年段階で、日本人「慰安婦」の数は朝鮮人・中国人よりはかなり少なかったとはいえるでしょう。なお、中国人「慰安婦」は交替率が高かったので、比率ももっと高くなるでしょう。一九四二年以降は東南アジア・太平洋地域の女性も軍「慰安婦」にされますが、その比率はかなりのものになると思われます。

軍「慰安婦」総数が二万人か、五万人以上か、いずれにしても、これだけの数の女性たちが、日本軍の慰安所に拘束されたとすれば、「二〇世紀における最大の人身取引事件のひとつ」というほかないと思います。これは、日本人女性をふくむ、多数の女性たちに対する重大な人権侵害事件でした。それは、民間の業者が勝手にやったのではなく、日本国家が自らこのような制度をつくり、運営したという点でも大問題だといえます。

さらに、「性的慰安」のためとして軍慰安所を提供された兵士にとっても、それは人間の尊厳を侵すものであったことは重要です。欲望をあおられ、軍慰安所通いを続け、兵営内で「慰安婦」の話をして夜をふかすようになったある兵士は、日記（一九三八年四月二一日）に「愚カナ〳〵私」と書き付けています（迫四会大隊史編纂委員会編『迫撃第四大隊史』同会・一九八五年）。日本軍は慰安所をつくり、兵士の性欲を肥大化させることによって、兵士たちを知らず識らずのうちに加害者の立場にたたせるとともに、このような人間性をそこなう惨めな状況に追い込んでいったともいえるのではないでしょうか。

補論　女性たちは募集広告をみて自由意志で応募したか

なお、「歴史事実委員会」はふれていませんが、軍「慰安婦」募集の広告が当時の朝鮮の新聞に載っているので、女性たちは自由意志で応募したことは明らかで、収入もよかった、という一部に広まっている意見についても、念のために検討しておきましょう（「慰安婦募集広告と強制連行命令書の有無　現代史家秦郁彦氏に聞く」二〇〇七年三月二八日）。その新聞広告とは、『京城日報』（一九四四年七月二六日）と『毎日新報』（一九四四年一〇月二七日）に載っている広告のことです（**資料3**参

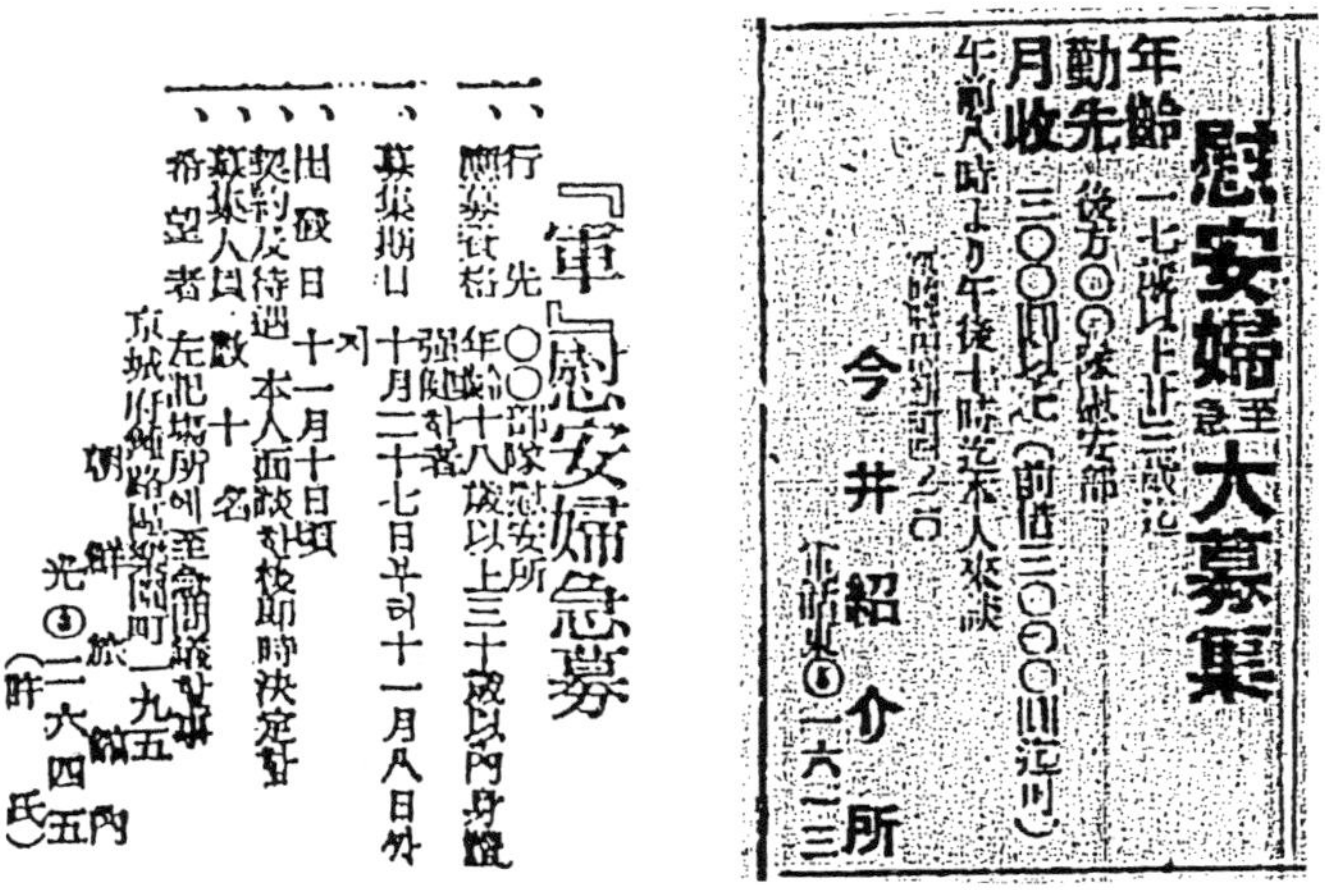

『軍』慰安婦急募
一、行先 ○○部隊慰安所
一、応募資格 年齢十八歳以上三十歳以内身体強健한者
一、募集期日 十月二十七日부터十一月八日까지
一、出発日 十一月十日頃
一、契約及待遇 本人面談한後即時決定함
一、募集人員 数十名
一、希望者 左記場所에至急問議할것
京城府鍾路区楽園町一九五 朝鮮旅館内
光③二六四五（許氏）

慰安婦至急大募集
年齢 一七歳以上二三歳迄
勤先 後方○○隊慰安部
月収 三〇〇円以上（前借三〇〇〇円迄可）
午前八時より午後七時迄本人来談
今井紹介所

資料3　朝鮮の新聞に掲載された軍「慰安婦」募集広告
（右：『京城日報』1944年7月26日，左：『毎日新報』1944年10月27日）

照）。

『京城日報』の方は、年齢一七歳以上二三歳まで、勤め先は「後方〇〇隊慰安部」、月収は三〇〇円以上となっています。募集しているのは今井紹介所という紹介業者（人身売買業者）です。『毎日新報』の方は、年齢一八歳以上三〇歳以内となっており、月収は書かれていません。募集しているのは許氏とあるので、朝鮮人の紹介業者でしょう。

まず、月収三〇〇円はとても高収入だというのですが、これは人身売買業者がよく使うきたないだまし（甘言）の常套《じょうとう》手段です。それを事実だと信じるのはいかがなものでしょうか。大審院で有罪が確定した業者が、一九三二年にすでに月収は二〇〇円から三〇〇円になるといって長崎の女性たちを誘拐したことを思い出してください（一五ページ参照）。朝鮮の場合は新聞をつかって公然と甘言を弄《ろう》していることが重大です。

つぎに、女性たちがこの新聞を読んで応募したと考えるのも実態とあいません。軍「慰安婦」にされた女性たちは家庭が貧乏で、学校に通えず、ほとんどは文字を読むことができなかったのです。また、親族の少女を人身売買しなければならないような貧しい家が新聞を購読しているということもありえないことです。

では、業者は誰を対象にしてこの広告を出したのでしょうか。それは、主として他の人身売買業者（下請業者）への呼びかけだったのではないでしょうか。もう一つ重要なことは、『京城日報』も『毎日新報』も朝鮮総督府の事実上の機関紙であったことです。とすれば、この広告は、国外移送を目的とする軍「慰安婦」を公然と募集するものであり、軍「慰安婦」の募集に限って、総督府が認めていたことを示すものだということです。広告主は、軍が選定した募集業者と考えるほかありません。この募集業者の甘言を含む広告が『京城日報』に掲載されているということは、誘拐を総督府が黙認したという証拠になるでしょう。

また、『京城日報』には、「月収三〇〇円以上（前借三〇〇〇円迄可）」と日本語で書いてあります。同じ広告が、二三日・二四日・二六日と連続して出されていること、その前後にはないことから、この時期に軍が「慰安婦」を必要として、急いで集めさせたものと思われます。二四日から「前借三〇〇〇円迄可」という文が追加されたのも重要です。これは人身売買を行うという広告だからです。この広告は、朝鮮総督府が国外移送目的の人身売買と誘拐を、軍「慰安婦」移送については、黙認していたということをさらによく示すものといえるでしょう。

おわりに——問題の解決のために

日本軍「慰安婦」問題は、どうすれば解決するのでしょうか。そのためには、被害を受けた女性たちの名誉と尊厳が回復されることが必要です。

すでに述べたように日本政府は、一九九三年の河野官房長官談話によって、「当時の軍の関与の下に、多数の女性の名誉と尊厳を深く傷つけた問題である」と認めました。そこには、責任の主体をあいまいにする「軍の関与」という表現が使われていました。また、一九九五年には「女性のためのアジア平和国民基金」(アジア女性基金)が設置され、首相のおわびの手紙と、民間募金による償いのお金と、政府出資の医療・福祉支援金が被害を受けた女性たちに手渡されました。これを受け取った女性たちは二八五人になったということです。この措置で満足した方々もおられるかも知れません。

しかし、韓国・台湾・フィリピンでは、さらに多くの女性たちが受け取りを拒否しました。受け取っても、これは賠償ではないので、日本政府による賠償を別に求めている方々もおられます。また、オランダでは償いのお金は渡されず、インドネシアでは、同国政府の方針により医療・福祉支援金を含め個人にお金が手渡されることはありませんでした。中国・北朝鮮・ベトナム・マレーシア・シンガポール・タイ・ビルマ・東ティモールなどは事業の対象にさえなっていません。

このような経緯をみると、アジア女性基金での解決は限定的であって、根本的な解決策がなお必要だといわなければならないでしょう。では、何が必要なのでしょうか。

第一に、「軍の関与の下に」という主語をあいまいにした表現をやめ、「多数の女性の名誉と尊厳を深く傷つけた」主体は日本軍であったということを明確に認めることが必要でしょう。また、日本軍が多数の女性を性的奴隷状態に置いたということも認めるべきでしょう。責任の主体と問題の本質をあいまいなままにした謝罪では相手の理解をえられないからです。

第二に、道義的な責任だけでなく、法的な責任も認めるべきでしょう。首相のおわびの手紙には、「道義的な責任を痛感しつつ」と書かれていますが、法的な責任にふれていません。本来「道義的責任」とはとても重い言葉のはずですが、日本の官僚の用語法では、「法的責任はありません」ということを示す軽い用語として用いられてきたのですから、なおさらです。

第三に、賠償のためのお金は政府が出さなければなりません。アジア女性基金設立のとき、私は内閣外政審議室の担当官から、この基金では償いのお金は日本政府からは一円も出さないと明言され、あぜんとした記憶があります。政府出資の医療・福祉支援金は法的責任があることを認めないいわば見舞金であって、賠償ではないのです。また、民間の任意の募金では賠償にならないのは自明なことです。

第四に、しっかりした再発防止の措置をとるべきでしょう。くりかえしになりますが、河野官房長官談話では、「歴史研究、歴史教育を通じて」このような問題を永く記憶にとどめ、同じ過ちを決して繰り返さないという固い決意を表明するといっています。首相のおわびの手紙にも、「おわびと反省の気持ちを踏まえ、過去の歴史を直視し、正しくこれを後世に伝える」と記されています。にもかかわらず、自民党を中心とする連立政権の時代に、中学校の歴史教科書から軍「慰安婦」の記述の削除が進んでいったのです。単なるリップサービスではなく、言ったことは守るべきでしょう。政府や公的機関が持っている関連資料をすべて公開し、歴史研究を支援し、真相究明を行うとともに、歴史教育・人権教育・平和教育の取り組みを支援し、奨励すべきでしょう。軍慰安所遺跡の保存や記念館の設置もすべきでしょう。また、アメリカ下院・ヨーロッパ議会・カナダ下院の決議が勧告しているように、軍「慰安婦」を服従させ、隷属させたことはなかったといった意見に対しては、日本政府が公的に反論するようにすべきでしょう。

第五に、女性たちが軍慰安所でうけた身体的・精神的被害を治療し、癒やすための医療的措置を十分に行わなければなりません。

第六に、以上の措置を実行するために、官房長官談話ですますのではなく、閣議決定をへた新たな首相声明を出し、国会でも決議を行うべきでしょう。また、すでに国会に何度も提案されている「恒久平和調査局設置法案」を成立させ、軍「慰安婦」問題を含む日本の戦争責任問題に関する国内の資料公開と国外の資料調査および女性たちの被害状況に関するヒアリングを徹底して行うべきでしょう。また、二〇〇〇年から国会に提出されている「戦時性的強制被害者問題の解決の促進に関する法律案」を成立させ、これに基づいて女性たちに賠償すれば、第三の問題点を克服することになるでしょう。

以上の措置が実行されるならば、被害者の名誉と尊厳は回復され、女性に対する性暴力の根絶と、他民族差別の克服への大きな一歩を進めることができるでしょう。そして、これはアジア太平洋戦争にかかわる未解決の過去の克服につながりますから、特にアジアにおける相互の信頼感を生むことになるでしょう。アジアにおける平和と共存・共生のための大きな貢献となるに違いありません。また、以上の措置が実現されることは、私たちひとりひとりの人権が侵されることを防ぎ、各個人の平和的生存権が保障されることにつながるのではないでしょうか。私たちの明るい未来のために、日本軍「慰安婦」問題が根本的に解決されることを願ってやみません。

＊本稿は「日本軍「慰安婦」問題について」『戦争責任研究』六四号・二〇〇九年六月を加筆修正したものです。

吉見義明

1946年山口県に生まれる．1970年東京大学文学部卒業，1972年東京大学大学院人文科学研究科修士課程修了．中央大学名誉教授．専攻日本近現代史．
主著に『買春する帝国——日本軍「慰安婦」問題の基底』(岩波書店)，『焼跡からのデモクラシー——草の根の占領期体験(上下)』(岩波現代全書)，『従軍慰安婦』(岩波新書)，『毒ガス戦と日本軍』(岩波書店)，『草の根のファシズム——日本民衆の戦争体験』(東京大学出版会)，『毒ガス戦関係資料』『毒ガス戦関係資料2』(以上共編，不二出版)，『従軍慰安婦資料集』(編著，大月書店)，『共同研究 日本軍慰安婦』『資料日本現代史4 翼賛選挙1』『資料日本現代史5 翼賛選挙2』『資料日本現代史10 日中戦争期の国民動員1』『資料日本現代史11 日中戦争期の国民動員2』(以上共編，大月書店)などがある．

日本軍「慰安婦」制度とは何か　　岩波ブックレット784

2010年6月9日　第1刷発行
2022年4月15日　第7刷発行

著　者　吉見義明《よしみよしあき》

発行者　坂本政謙

発行所　株式会社 岩波書店
〒101-8002 東京都千代田区一ツ橋2-5-5
電話案内 03-5210-4000　営業部 03-5210-4111
https://www.iwanami.co.jp/booklet/

印刷・製本　法令印刷　　装丁　副田高行　　表紙イラスト　藤原ヒロコ

ISBN 978-4-00-270784-6　　Printed in Japan

「岩波ブックレット」刊行のことば

今日、われわれをとりまく状況は急激な変化を重ね、しかも時代の潮流は決して良い方向にむかおうとはしていません。今世紀を生き抜いてきた中・高年の人々にとって、次の時代をになう若い人々にとって、また、これから生まれてくる子どもたちにとって、現代社会の基本的問題は、日常の生活と深くかかわり、同時に、人類が生存する地球社会そのものの命運を決定しかねない要因をはらんでいます。

十五世紀中葉に発明された近代印刷術は、それ以後の歴史を通じて「活字」が持つ力を最大限に発揮してきました。人々は「活字」によって文化を共有し、とりわけ変革期にあっては、「活字」は一つの社会的力となって、情報を伝達し、人々の主張を社会共通のものとし、各時代の思想形成に大きな役割を果してきました。

現在、われわれは多種多様な情報を享受しています。しかし、それにもかかわらず、文明の危機的様相は深まり、「活字」が歴史的に果してきた本来の機能もまた衰弱しています。今、われわれは「出版」を業とする立場に立って、今日の課題に対処し、「活字」が持つ力の原点にたちかえって、この小冊子のシリーズ「岩波ブックレット」を刊行します。

長期化した経済不況と市民生活、教育の場の荒廃と理念の喪失、核兵器の異常な発達の前に人類が迫られている新たな選択、文明の進展にともなって見なおされるべき自然と人間の関係、積極的な未来への展望等々、現代人が当面する課題は数多く存在します。正確な情報とその分析、明確な主張を端的に伝え、解決のための見通しを読者と共に持ち、歴史の正しい方向づけをはかることを、このシリーズは基本の目的とします。

読者の皆様が、市民として、学生として、またグループで、この小冊子を活用されるように、願ってやみません。　（一九八二年四月　創刊にあたって）

◇岩波ブックレットから

887 非核芸術案内
―核はどう描かれてきたか
岡村幸宣

820 第五福竜丸から「3・11」後へ
―被爆者　大石又七の旅路
小沢節子

778 「慰安婦」問題が問うてきたこと
大森典子・川田文子

750 空襲に追われた被害者たちの戦後
―東京と重慶　消えない記憶
沢田猛

710 ホロコーストを次世代に伝える
―アウシュヴィッツ・ミュージアムのガイドとして
中谷剛

707 遺骨の戦後
―朝鮮人強制動員と日本
内海愛子・上杉聰・福留範昭

9784002707846

1920336005205

ISBN978-4-00-270784-6

C0336 ¥520E

定価(本体520円 ＋税)

元日本軍「慰安婦」だった金学順さんが日本政府に謝罪と賠償を求めて名乗り出てから 20 年以上——「強制」ではなく「自由意志」だったとする声がいまだに多く聞かれるのはなぜだろうか。「慰安婦」制度が軍によってつくられたことを、様々な史料を用いながら説明するとともに、被害者の名誉と尊厳の回復の必要性を訴える。

岩波書店